大学语文
经典阅读与应用写作
（第四版）

主　编　姜　楠　谢海泉
副主编　陈　梅
参　编　刘言香

"十二五"职业教育国家规划教材

DAXUE YUWEN
JINGDIAN YUEDU YU
YINGYONG XIEZUO

中国教育出版传媒集团
高等教育出版社·北京

内容提要

本教材是"十二五"职业教育国家规划教材,是在前版的基础上修订而成的。

全书包括八个单元,分别为热爱自然、观察社会、感悟人生、回眸历史、赏析诗文、传承文化、走近大师、步入职场。每单元选文后均设有思考与练习,提高学生的自主思考能力,同时设有单元综合练习,将语文教学与学生的校园文化生活结合在一起。为利教便学,部分应用写作学习资源(视频、例文等)以二维码形式提供在每单元的单元综合练习中,可扫描获取。

本教材满足高职院校公共课教学的实际需求,坚持简明特色,教学课时数为 16 学时,适合作为高职院校大学语文课程教材。

图书在版编目(CIP)数据

大学语文:经典阅读与应用写作 / 姜楠,谢海泉主编. -- 4 版. -- 北京:高等教育出版社,2025.1.
ISBN 978-7-04-063298-9

Ⅰ.H19

中国国家版本馆 CIP 数据核字第 2024RE3182 号

策划编辑	余 红	雷 芳	责任编辑	余 红	封面设计	张文豪	责任印制	高忠富

出版发行	高等教育出版社		网　　址	http://www.hep.edu.cn
社　　址	北京市西城区德外大街 4 号			http://www.hep.com.cn
邮政编码	100120		网上订购	http://www.hepmall.com.cn
印　　刷	上海叶大印务发展有限公司			http://www.hepmall.com
开　　本	787 mm×1092 mm　1/16			http://www.hepmall.cn
印　　张	9.75		版　　次	2025 年 1 月第 4 版
字　　数	162 千字			2013 年 8 月第 1 版
购书热线	010 - 58581118		印　　次	2025 年 1 月第 1 次印刷
咨询电话	400 - 810 - 0598		定　　价	26.00 元

本书如有缺页、倒页、脱页等质量问题,请到所购图书销售部门联系调换
版权所有　侵权必究
物　料　号　63298-00

前言

在全面建设社会主义现代化国家新征程中,职业教育前途广阔、大有可为,大学语文、应用写作等课程即旨在从语文学科角度,助力培养高素质技术技能人才。本教材是在"十二五"职业教育国家规划教材《大学语文:经典阅读与应用写作》(第三版)的基础上修订而成的,可为高职院校语文类、写作类课程所用。教材的编写和修订紧紧围绕立德树人根本任务,以人文素养培育为核心,以工匠精神培养为重点,以中华优秀传统文化的传承、发展和文学经典教育为基石,从以下三个维度做了强化与调整。

第一,以文化人,以美培元。教材以社会主义核心价值观为引领,按专题分设热爱自然、观察社会、感悟人生、回眸历史、赏析诗文、传承文化、走近大师和步入职场八个单元,以经典名篇与时文佳作的学习潜移默化地增强学生的人文素养。教材编写组经过调研与论证,决定放弃普通大学语文教材常用的以文体为主线的编排方式,以人文主题而非文体为核心组织单元,选文力求文质兼美,具有典范性和时代性,标*的课文可选学。此举意在突出职业教育语文课程的人文性,多元整合学语用文的育德、树人之用,切实提升高等职业院校学生的语文素养与审美素养。

第二,凸显职教特色,培养工匠精神。教材设计以优化、完善高等职业教育的教学方式为己任,力求衔接中学、中职所学,适应高职所需,密切与专业的联系,融入职业元素。本版教材重点修订了"步入职场"的相关内容,强化读写训练与职前教育的有机联系,以语文的方式引导学生感知"学业—专业—职业"的递进脉络,为学生毕业后顺利入职构筑基石。此外,教材的八个单元均设置了详细的写作任务,"附录"精选读、译、赏、写的核心理论与基础知识,能有效扩大学生的视野与知识面,培养学生精益求精的精神。

第三,顺应数智时代,推进资源创新。当今社会,信息技术对高职教育产生了深远影响,知识传授和获取的方式发生巨变。本教材为新形态教材,以更加开放的姿态推动高职教育的创新,积极推进大学语文教育的数字化转型。教材涵盖课程核心内容,课文长短配合,练习题难易相济,力求多样化、灵活化,以适应在线学习、协作学习、体验式学习、项目式学习等多场景需求。各单元均提供语文实践活动方案,供教师灵活施教。辅学辅教内容以二维码链接形式呈现,助力学习效果提升。

教材还配套有教案、教学课件等数字资源,供教师教学使用。

具言之,本版的整体规划与细节设计之特色在如下三方面较为显著。

第一,直面问题。编写组调研了职业院校的招生和办学情况,比较了近年来各种版本的语文、写作教材,明确了适应形势变化、探索语文教改和教材创新的编写方向。教材以高职学生大学语文学习中的"痛点"为切入点,以"经典阅读"和"应用写作"为解决路径,紧扣高等职业教育的培养目标,坚持简明特色,以期更有效地解决高职语文教育中师生面临的实际问题。

第二,回归经典,坚守初心。编写组将大学语文教学、科研的学术前沿精华有机地融入教材,增加了名家名篇的比重。重视经典阅读是语文教育的应有之义,昭示着对优秀文化的尊重,此基石不仅不应因教育层级与培养目标不同而动摇,而且在价值多元的现代社会尤其值得坚守。

第三,融入学术前沿成果,与时代脉搏共振。教材力求在核心理论、基础知识、重要方法、关键技能等处体现大学语文学科发展的优秀成果,例如,通过思考与练习引导学生关注"文本互涉",为高职学生勾勒知识谱系,织就阅读之网。又如,"步入职场"单元收录了《咬文嚼字》编辑部发布的"2023年十大流行语",意在使高职学生"零距离"地了解和观察我国语言生活的大事件,以开放的胸怀进行语言创新,观察和反思语文生活,重新认识阅读与写作。教材若能实现以"练"促"思"、以"读"促"写",实为编者所乐见。

水平所限,本教材中仍然存在不足,敬请各位专家、读者给予指正。

编　者

CONTENTS 目 录

第一单元　热爱自然 …………………………………………… 1

对一朵花微笑 ……………………………………… 刘亮程　3
夏天 ………………………………………………… 汪曾祺　5
*百日草(节选) ………………………………… [德]黑　塞　8
　单元综合练习 …………………………………………… 11
　　一、语文知识问答 …………………………………… 11
　　二、语文实践活动 …………………………………… 11
　　三、写作应用实训 …………………………………… 12

第二单元　观察社会 …………………………………………… 13

小病 ………………………………………………… 老　舍　15
风筝 ………………………………………………… 鲁　迅　17
*最坚强的时刻在梦里 ……………………………… 李　娟　19
　单元综合练习 …………………………………………… 21
　　一、语文知识问答 …………………………………… 21
　　二、语文实践活动 …………………………………… 21
　　三、应用写作实训 …………………………………… 22

第三单元　感悟人生 …………………………………………… 23

生命本来没有名字 ………………………………… 周国平　25
人生的境界 ………………………………………… 冯友兰　28
*傅雷家书两则 ……………………………………… 傅　雷　31
　单元综合练习 …………………………………………… 34
　　一、语文知识问答 …………………………………… 34
　　二、语文实践活动 …………………………………… 35
　　三、应用写作实训 …………………………………… 35

第四单元　回眸历史 …………………………………………… 37

卢沟晓月 …………………………………………… 王统照　39

老家(节选) ·· 史铁生　45
　*史学中的文学力量(节选) ································ 李　零　49
　　单元综合练习 ·· 54
　　　一、语文知识问答 ·· 54
　　　二、语文实践活动 ·· 54
　　　三、应用写作实训 ·· 55

第五单元　　赏析诗文 ··· 57

　　黍离 ··· 《诗经》　59
　　登金陵凤凰台 ·· 李　白　60
　　蜀相 ··· 杜　甫　61
　　沁园春·长沙 ·· 毛泽东　63
　　鱼化石 ··· 艾　青　65
　　大学(节选) ·· 67
　　渔父 ··· 屈　原　69
　*人生三境界 ·· 王国维　71
　　单元综合练习 ·· 73
　　　一、语文知识问答 ·· 73
　　　二、语文实践活动 ·· 73
　　　三、应用写作实训 ·· 73

第六单元　　传承文化 ··· 75

　　语言中的传统 ·· 郜元宝　77
　　怎样读《诗经》 ·· 刘毓庆　80
　*扇子史话 ·· 沈从文　85
　　单元综合练习 ·· 89
　　　一、语文知识问答 ·· 89
　　　二、语文实践活动 ·· 89
　　　三、应用写作实训 ·· 90

第七单元　　走近大师 ··· 91

　　杜甫和我们的时代 ······································· 冯　至　93
　　从罗丹得到的启示 ························· [奥]斯蒂芬·茨威格　97
　*1957年12月10日的演说 ················· [法]阿尔贝·加缪　100
　　单元综合练习 ·· 104
　　　一、语文知识问答 ·· 104
　　　二、语文实践活动 ·· 104

三、应用写作实训 ·· 105

第八单元　步入职场 ·· 107

　　青年在选择职业时的考虑·················〔德〕马克思　109
　　日拱一卒，不期速成 ····························· 刘军强　114
　　《咬文嚼字》编辑部发布"2023年十大流行语" ··········· 116
　　单元综合练习 ··· 120
　　　一、语文知识问答 ···································· 120
　　　二、语文实践活动 ···································· 120
　　　三、应用写作实训 ···································· 121

附　录 ·· 122
　　一　读、译、赏、写的相关知识 ························· 122
　　二　文体常识 ··· 126

主要参考文献 ·· 141

资源导航

页码	标题
6	葡萄月令
9	十三种观看乌鸫的方式
12	请示视频
12	请示例文
16	猫
20	饿
22	报告视频
22	报告例文
30	匆忙与闲暇
30	"知不可而为"主义与"为而不有"主义
33	成为有教养的人的八个条件
35	总结视频
35	总结例文
51	报任安书
55	计划例文
55	事务文书测试题
59	诗经别裁（节选）
60	葬花吟
74	通知例文
74	财经文书测试题
79	说短——与友人书
84	为什么读经典
90	合同视频
90	合同例文
96	杜甫
98	我的师承

105	起诉状例文
105	法律文书测试题
121	求职信例文
121	社交礼仪文书测试题

第一单元
热爱自然

　　大自然是人类的家园,她敞开胸怀,把生命的美、博大的爱赐予我们——日月星辰、江河湖海、山川草木、花鸟虫鱼;山绿如碧,水清如镜,雨细如丝……我们徜徉其中,可以领受自然无穷的魅力;她那奇妙幻化之意、争妍斗丽之境,足以游目骋怀、赏心怡神。

　　我们亲近自然、热爱自然,还要感悟自然,真正懂得自然的生命意蕴和美感启示。刘亮程笔下的"我"两次走入荒野,与草亲近:"我"发现草是会笑的,它们全开了花,于是"我"也禁不住笑了起来;"我"和喜爱的绿草一起睡觉、做梦,感到满足。从此"我"真正进入一片荒野,而非置身于自然的对面。汪曾祺的夏天充满栀子花的"碰鼻子香"、西瓜四溢的凉气、昆虫的鸣叫,人在月华中沾枕入梦。虽然黑塞的《园圃之乐》不如《瓦尔登湖》有名,但面对大自然,黑塞和梭罗都有诗意的生活方式,在黑塞笔下,植物有和人类一样的喜怒哀乐。

对一朵花微笑①

刘亮程②

我一回头,身后的草全开花了。一大片,像谁说了一个笑话,把一摊草惹笑了。

我正躺在山坡上想事情。是否我想的事情——一个人头脑中的奇怪想法,让草觉得好笑,在微风中笑得前仰后合。有的哈哈大笑,有的半掩芳唇,忍俊不禁。靠近我身边的两朵,一朵面朝我,张开薄薄的粉红花瓣,似有吟吟笑声入耳。另一朵则扭头掩面,仍不能遮住笑颜。我禁不住也笑了起来。先是微笑,继而哈哈大笑。

这是我第一次在荒野中,一个人笑出声来。

还有一次,我在麦地南边的一片绿草中睡了一觉。我太喜欢这片绿草了,墨绿墨绿,和周围的枯黄野地形成鲜明对比。

我想大概是一个月前,浇灌麦地的人没看好水,或许他把水放进麦田后睡觉去了。水漫过田埂,顺这条干沟漫流而下。枯萎多年的荒草终于等来一次生机。那种绿,是积攒了多少年的,一如我目光中的饥渴。我虽不能像一头牛一样扑过去,猛吃一顿,但我可以在绿草中睡一觉。和我喜爱的东西一起睡一觉,做一个梦,也是满足。

一个在枯黄田野上劳忙半世的人,终于等来草木青青的一年。一小片。草木会不会等到我出人头地的一天?

这些简单地长几片叶、伸几条枝、开几瓣小花的草木,从没长高长大,没有茂盛过的草木,每年每年,从我少有笑容的脸和无精打采的行走中,看到的是否全是不景气?

我活得太严肃,呆板的脸似乎对生存已经麻木,忘了对一朵花微笑,为一片新叶欢欣和激动。这不容易开一次的花朵,难得长出的一片叶子,在荒

---

① 选自《风中的院门》(刘亮程著,山东文艺出版社2020年版)。

② 刘亮程(1962—),著有诗集《晒晒黄沙梁的太阳》,散文集《风中的院门》《一个人的村庄》《库车》等。

野中,我的微笑可能是对一个卑小生命的欢迎和鼓励。就像青青芳草让我看到一生中那些还未到来的美好前景。

后来我觉得,我成了荒野中的一个。真正进入一片荒野其实不容易,荒野旷敞着,这个巨大的门让你在努力进入时不经意已经走出来,成为外面的人。它的细部永远对你紧闭着。

走进一株草、一滴水、一粒小虫的路可能更远。弄懂一棵草,并不仅限于把草喂到嘴里嚼几下,尝尝味道。挖一个坑,把自己栽进去,浇点水,直愣愣站上半天,感觉到的可能只是腿酸脚麻和腰疼,并不能断定草木长在土里也是这般情景。人没有草木那样深的根,无法知道土深处的事情。人埋在自己的事情里,埋得暗无天日。人把一件件事情干完,干好,人就渐渐出来了。

我从草木身上得到的只是一些人的道理,并不是草木的道理。我自以为弄懂了它们,其实我弄懂了自己。我不懂它们。

思考与练习

1. 文章开始写了两次"我"在荒野草地上的感受:第一次禁不住笑了起来,第二次感到满足。请谈谈产生这两种不同感受的缘由。

2. 请结合文中所描绘的"我"亲近自然的行动,谈谈我们应该如何热爱自然。

3. 文章结尾处说:"我从草木身上得到的只是一些人的道理,并不是草木的道理。"作者在文章中谈及了哪些"人的道理"?

夏　天①

汪曾祺②

夏天的早晨真舒服。空气很凉爽,草上还挂着露水(蜘蛛网上也挂着露水),写大字一张,读古文一篇。夏天的早晨真舒服。

凡花大都是五瓣,栀子花却是六瓣。山歌云:"栀子花开六瓣头。"栀子花粗粗大大,色白,近蒂处微绿,极香,香气简直有点叫人受不了,我的家乡人说是"碰鼻子香"。栀子花粗粗大大,又香得撑都撑不开,于是为文雅人不取,以为品格不高。栀子花说:"去你妈的,我就是要这样香,香得痛痛快快,你们他妈的管得着吗!"

人们往往把栀子花和白兰花相比。苏州姑娘串街卖花,娇声叫卖:"栀子花!白兰花!"白兰花花朵半开,娇娇嫩嫩,如象牙白色,香气文静,但有点甜俗,为上海长三堂子的"倌人"③所喜,因为听说白兰花要到夜间枕上才格外地香。我觉得红"倌人"的枕上之花,不如船娘髻边花更为刺激。

夏天的花里最为幽静的是珠兰。

牵牛花短命。早晨沾露才开,午时即已萎谢。

秋葵也命薄。瓣淡黄,白心,心外有紫晕。风吹薄瓣,楚楚可怜。

凤仙花有单瓣者,有重瓣者。重瓣者如小牡丹,凤仙花茎粗肥,湖南人用以腌"臭咸菜",此吾乡所未有。

马齿苋、狗尾巴草、益母草,都长得非常旺盛。

淡竹叶开浅蓝色小花,如小蝴蝶,很好看。叶片微似竹叶而较柔软。

"万把钩"即苍耳。因为结的小果上有许多小钩,碰到它就会挂在衣服

---

①　选自《岁朝清供》(汪曾祺著,生活·读书·新知三联书店2019年版)。

②　汪曾祺(1920—1997),中国当代作家、散文家、戏剧家,以短篇小说和散文闻名。

③　倌人:旧时对妓女的称呼。

上,得小心摘去,所以孩子叫它"万把钩"。

我们那里有一种"巴根草",贴地而去,是见缝扎根,一棵草蔓延开来,长了很多根,横的,竖的,一大片。而且非常顽强,拉扯不断。很小的孩子就会唱:

> 巴根草,
>
> 绿茵茵,
>
> 唱个唱,
>
> 把狗听。

最讨厌的是"臭芝麻"。掏蟋蟀、捉金铃子,常常沾了一裤腿。奇臭无比,很难除净。

西瓜以绳络悬之井中,下午剖食,一刀下去,咔嚓有声,凉气四溢,连眼睛都是凉的。

天下皆重"黑籽红瓤",吾乡独以"三白"为贵:白皮、白瓤、白籽。"三白"以东墩产者最佳。

香瓜有:牛角酥,状似牛角,瓜皮淡绿色,刨去皮,则瓜肉浓绿,籽赤红,味浓而肉脆,北京亦有,谓之"羊角蜜";虾蟆酥,不甚甜而脆,嚼之有黄瓜香;梨瓜,大如拳,白皮,白瓤,生脆有梨香;有一种较大,皮色如虾蟆,不甚甜,而极"面",孩子们称之为"奶奶哼",说奶奶一边吃,一边"哼"。

蝈蝈,我的家乡叫作"叫蛐子"。叫蛐子有两种。一种叫"侉叫蛐子"。那真是"侉",跟一个叫驴子似的,叫起来"呱呱呱呱"很吵人。喂它一点辣椒,更吵得厉害。一种叫"秋叫蛐子",全身碧绿如玻璃翠,小巧玲珑,鸣声亦柔细。

别出声,金铃子在小玻璃盒子里爬呢!它停下来,吃两口食,——鸭梨切成小骰子块。于是它叫了"丁铃铃铃"……

乘凉。

搬一张大竹床放在天井里,横七竖八一躺,浑身爽利,暑气全消。看月华。月华五色晶莹,变幻不定,非常好看。月亮周围有一个模模糊糊的大圆圈,谓之"风圈",近几天会刮风。"乌猪子过江了"——黑云漫过天河,要下大雨。

一直到露水下来,竹床子的栏杆都湿了,才回去,这时已经很困了,才沾藤枕(我们那里夏天都枕藤枕或漆枕),已入梦乡。

鸡头米老了,新核桃下来了,夏天就快过去了。

葡萄月令

思考与练习

1. 文章首句是"夏天的早晨真舒服"。作者描写了哪些事物,让读者感到"舒服"? 请列出这些事物,看看它们有何共同点。

2. 汪曾祺在《说短》一文中说:"要使语言生动,要把句子尽量写得短,能切开就切开,这样的语言才明确。平常说话没有说挺长的句子的。能省略的部分都省掉。"《夏天》中有许多生动的短句,找出它们,按照语法规则简单分类,思考作者是如何把长句变短的。

3. 模仿此文的观察角度和表达方式,写一篇千字左右的短文,分享大自然中令你感到"舒服"的时刻、季节或地点、事物。

*百日草①（节选）

[德]黑 塞②

在盛夏渐行渐远的这段时间，空气中有一种我称之为"颇具画意"的明净，但愿画家们不将"颇具画意"这个词理解为容易作画的意思。其实，这明净是极难在画上来表现的，这反而激发起画家们不断以画笔去表现它、颂扬它，因为任何色彩都不会有这般魔幻般深邃的亮度和珠宝般的光泽，任何阴影都没有这般柔和而未降低其一丝厚度。此外，现在正当万物已显秋意，但尚未开始染上秋天那耀眼的、浓艳的色彩之际，植物界也从未出现过这般美丽的色彩。可是，在园圃里是一年之中鲜花最是争奇斗艳的时节，石榴处处怒放着火红的花朵，还有大丽菊、百日草、早熟紫菀和迷人的珊瑚倒挂金钟，真是姹紫嫣红，蔚为壮观。然而在盛夏和初秋之时，艳丽色彩之中的佼佼者当数百日草！现在我在房间里总是把百日草插在花瓶里，好在这种花很耐久。我怀着无比庆幸与好奇之心，跟踪观察一束百日草从刚开始吐艳至凋谢的全过程。在花的世界里没有比刚剪下来的十几枝五颜六色的百日草更亮丽、更茁壮的了。它喜好阳光，色泽丰富，有最艳丽的黄色和橙色，最欢快的鲜红，还有最奇妙的紫红，就像天真村姑的绸带和节日盛装的那些斑斓的颜色。你可以将这些强烈的色彩随意摆放，还可将其相互掺和，色彩总是那么妩媚、迷人，色泽不仅强烈、亮丽，而且互为补充、互相辉映、相得益彰。

是啊，我给您说的这些只是老生常谈。我不妄想以百日草的发现者自居。我对您说的只是我对这种花的喜爱，因为它让我体验到那份我长期向往的最舒适、对健康最有裨益的情感。这份略显老迈但绝未稍减的爱恋，每当这些花儿凋谢时燃烧得尤为炽烈！看到我插在花瓶里的百日草慢慢褪色和枯萎，我仿佛经历了一场死亡之舞，对于生命之无常怀着既悲哀又快乐的

---

① 选自《园圃之乐》（[德]赫尔曼·黑塞著，韩耀成译，中央编译出版社2019年版）。《园圃之乐》是随笔集，记录了黑塞一生中不同时期与自然的对话和游戏。

② 赫尔曼·黑塞（Hermann Hesse，1877—1962），德国诗人、小说家，1946年获得诺贝尔文学奖。除了广为人知的作家身份，黑塞还是一位生活艺术家，是画家和园丁。

认同,因为生命之无常是人间的至美,因为死亡本身是如此美好,如此华丽,如此可爱。

亲爱的朋友!请您找一束八至十天的百日草花观察一番!然后,在花束还要再过几天才褪色,而此时花容仍然很美丽的时候,您每天再仔细观察几次!您会看到,这些在绽放的时候有着最艳丽、最令人陶醉色泽的花朵,现在却衰变为最淡雅、最慵困、最娇柔的色调。前天的橙色,今天变成了橘黄,后天,又将变为染上薄薄一层古铜的灰色了。那种欢快的、带着乡土气息的紫红色慢慢地像是蒙上了一层苍白色,一层与阴影相对的色泽;委顿的花瓣从边缘开始出现了柔和的皱褶,泛着朦胧的白色,一种难以言说的、令人动容和慨叹的暗红色,就像在老奶奶褪色的丝绸衣物上或者在陈旧的、颜色模糊的水彩画上所见的那种颜色。朋友,请您也要特别留意花瓣的背面!在折花梗时,花瓣的背面往往会突然显得特别清晰。在这里,花瓣色泽变化,花魂袅袅升天,转化为精神——这整个过程比花冠本身显得更为芳香馥郁,更加令人诧异。那些在花卉世界里找不着的失去的颜色全在此处沉于梦乡;罕见的金属和矿物质的色调,以及平常只有在高山矿石里,或是在藓苔与藻类世界中才能见到的灰色、灰绿和古铜色等的各种变调色彩。

如何欣赏这些事物,您是知道的,就像您会欣赏一种高贵的年份葡萄酒的特殊香气,一个桃子皮上或者一位美丽女子皮肤上的绒毛一样。您不会因为我比拳击手的感觉更细腻,体验更具感情色彩而笑我是多愁善感的浪漫主义者吧——无论我陶醉于百日草花正在衰退的颜色,还是迷恋于施蒂弗特①《野花》中那种优美飘散的音调。然而,朋友,我们这样的人现在很少了,快要绝种了。您不妨试试,给一个音乐修养只在于摆弄留声机,认为拥有一辆漆得光亮的汽车是世上美事的当代美国人,给这样一个容易满足的乐天派猿人试着讲一讲鲜花凋谢、一枝玫瑰变为淡灰色的艺术,并将其作为最生动、最扣人心弦的事,作为一切生命和美好事物的奥秘来体验一下!对此,您定会感到惊讶的!

如果我这封夏日信札能让您想起一些事情,并对其有所思考的话,那您定会感觉到心里又重新浮现那个想法:今日之病痛,可能就是明日之健康,反之亦然。假如那些显得如此健壮、极其健康且崇尚金钱和机器的人类还能快快乐乐、傻乎乎地延续到下一代的话,那么他们也许就会善待医生、教师、艺术家和魔术师,并以高薪付给这些重新引领他们去探索美和灵魂之奥秘的人。

十三种观看乌鸫的方式

---

① 施蒂弗特(Adalbert Stifter,1805—1868),奥地利作家、诗人、画家、教育家。

思考与练习

    1. 黑塞在本文结尾处写道:"假如那些显得如此健壮、极其健康且崇尚金钱和机器的人类还能快快乐乐、傻乎乎地延续到下一代的话,那么他们也许就会善待医生、教师、艺术家和魔术师,并以高薪付给这些重新引领他们去探索美和灵魂之奥秘的人。"结合前文,谈谈你对这句话的理解。

    2. 黑塞曾说:"没有一个夏季不是从上个夏季的死亡中吸取营养;没有一种植物不是同样静悄悄地、准确无误地化作泥土,犹如当初它从泥土里生长出来。"请仔细阅读第二自然段对百日草凋零过程的描写,分析本文是如何把上述理念具体表现出来的。

    3. 在草木、花卉中选一种你对其有深厚感情的,选一个较小的角度,认真观察,详细描写,注意使用准确的词汇描写颜色。

一、语文知识问答

1. 自然界的颜色是丰富的,自然界的万物各具形态。亲近自然,感受自然,需要以敏锐的目光去捕捉、审视独特的风景。善于捕捉和发现自然的特征,才能真切地体悟自然、品味自然。请以黑塞的《百日草》为例,说说作者是从哪些角度描绘夏秋之交植物美丽的色彩的,重点体会文字与绘画在表达方式上的不同,特别是语言文字的特殊力量。

2. 散文大致可分为叙事性散文、抒情性散文和议论性散文三类。叙事性散文以记人叙事为主,抒情性散文以抒发对现实生活的体验和感受为主,议论性散文以议论说理为主。但三种散文不是截然分开的,而是相互交融的。本单元的三篇文章属于哪一类散文?根据你掌握的散文知识,结合三篇文章的具体内容,分析一下这类散文的表达特点。

3. 关注自然时,人们都会倾注自己的思想与感情,自然景观各自不同,人们在与一草一木、一丘一壑的接触中,流露出来的情思理趣也会有同有异。请结合《对一朵花微笑》《夏天》两篇文章,说说刘亮程和汪曾祺在面对自然景致时观察和表达的异同。

二、语文实践活动

1. 活动内容

(1)组织一次郊外远足或市区游园活动,可登山、观海、看落日、赏花草、听鸟鸣……注重与语文表达相结合的细致观察和审美观赏,以区别于走马观花式的游览。

(2)形成记录意识,积累观察资料,养成观察与总结的习惯。

(3)组成不同的兴趣小组,找到同好,围绕某一主题深入交流。

2. 活动方式

(1)抬头观察形状各异的云朵,拍下尽可能多的"云图"。

(2)观察身边的植物,可选一两种或一两株作为重点,以一天、一周、一月为周期持续记录所见,图片或文字形式均可,尽量细致入微,可借鉴本单元三篇文章的观察角度和表达方法。

(3)留意与你的观察内容相关的书籍或网站,收集相关信息。

3. 活动小结

(1)对观察周期内的照片、文字观察笔记做较为系统的整理,写一篇小文,对整理结果做简单说明。

(2)在班级、年级或学校范围内找到同好,成立"赏云"小组、"收集朝霞"小组、"抬头看树"小组、"低头看花"小组、"我心中的小小植物园"小组等,组织小组成员见面,互相交流自然观察心得。

(3)组织一次读书分享会,将平时收集的某一自然观察主题的书单或网站集锦分享给同学。分享者最好事先做主题PPT,简要介绍书籍或网站内容,并留出足够的时间与听众互动。

三、写作应用实训

请在"中国大学MOOC"App上搜索写作类课程,学习请示的相关知识,结合本单元的二维码资源,学习请示这一常用文体的基本写作要求,并写一篇习作,题目自拟。

请示视频   请示例文

第二单元
观察社会

　　社会,是由"我们"集合而成的。我们的言与行,构成国家的整体形象;而社会变革与时代特点又同我们个人的命运息息相关。认真观察社会,思考我们所处的时代,关注我们身边的人群,发现与解决社会问题,我们的社会环境才能优化。

　　本单元的三篇文章,给了我们观察社会的不同视角。

　　《小病》是老舍于20世纪30年代创作的幽默诗文集中颇为精彩的一篇。它不是庸俗空洞的滑稽,也不是正颜厉色的教训,而是采用奇袭侧击的方式,熔讽刺、警示、智慧于一炉,把"小病"在社会生活中的"作用"写得含蓄而深刻。老舍凭借极强的观察力与想象力,对社会中可笑的、矛盾的事加以刻画和批评。尤为珍贵之处是,作者抱有宽大爽朗之心,因此,全文呈现出对人的体谅与同情,令读者感动、难忘。

　　《风筝》收录于1927年出版的《野草》中。鲁迅念念不忘这一事件,六年之间连写两遍,就是因为它是一场"精神虐杀"。在他看来,这是一种不可补救,也不能宽恕的罪过,即使是自己童年时无意犯下的罪过,也是不可原谅的。他将其写出"示众",既是自我警诫,更是警示世人。文章结尾处他选择"躲到肃杀的严冬去",大有深意:正是这种敢于正视现实生活的严峻,并在痛苦的反抗、挣扎中获得生命价值的冷峻情感和人生态度,使鲁迅成为鲁迅——永远值得我们学习的鲁迅。

　　《最坚强的时刻在梦里》的背景是颠沛流离的生存环境和窘迫穷困的经济状况,但作者对苦难的呈现方式与众不同:她选择了"诗意"。当然,此"诗意"并非不食人间烟火的风花雪月,而是脚踏实地的坚韧与倔强,是儒家文化观"哀而不伤"的体现。李娟没有逃避苦难,更没有美化苦难,在这篇不长的文章中,我们看到的是厚重里闪烁的轻灵,就像标题中的"梦"。

小　病[1]

老　舍[2]

　　大病往往离死太近，一想便寒心，总以不患为是。即使承认病死比杀头活埋剥皮等死法光荣些，到底好死不如歹活着。半死不活的味道使盖世的英雄泪下如涌呀。拿死吓唬任何生物是不人道的。大病专会这么吓唬人，理当回避，假若不能扫除净尽。

　　可是小病便当另作一说了。山上的和尚思凡，比城里的学生要厉害许多。同样，楚霸王不害病则没得可说，一病便了不得。生活是种律动，须有光有影，有左有右，有晴有雨；滋味就含在这变而不猛的曲折里。微微暗些，然后再明起来，则暗得有趣，而明乃更明；且不至明过了度，忽然烧断，如百烛电灯泡然。这个，照直了说，便是小病的作用。常患些小病是必要的。

　　所谓小病，是在两种小药的能力圈内，阿司匹灵[3]与清瘟解毒丸是也。这两种药所不治的病，顶好快去请大夫，或者立下遗嘱，备下棺材，也无所不可，咱们现在讲的是自己能当大夫的"小"病。这种小病，平均每个半月犯一次就挺合适。一年四季，平均犯八次小病，大概不会再患什么重病了。自然也有爱患完小病再患大病的人，那是个人的自由，不在话下。

　　咱们说的这类小病很有趣。健康是幸福；生活要趣味。所以应当讲说一番：

　　小病可以增高个人的身份。不管一家大小是靠你吃饭，还是你白吃他们，日久天长，大家总对你冷淡。假若你是挣钱的，你越尽责，人们越挑眼[4]，好像你是条黄狗，见谁都得连忙摆尾；一尾没摆到，即使不便明言，也

---

[1]　选自《老舍散文》（老舍著，傅光明选编，浙江文艺出版社2000年版）。

[2]　老舍（1899—1966），原名舒庆春，字舍予，现代小说家、戏剧家，杰出的语言大师，是中华人民共和国成立后第一位获得"人民艺术家"称号的作家，代表作有长篇小说《骆驼祥子》《四世同堂》、话剧《龙须沟》《茶馆》等。

[3]　阿司匹灵：现译为阿司匹林，一种水杨酸类药物，通常用作止痛剂、解热药和消炎药。

[4]　挑眼：故意找毛病。

暗中唾你几口。不大离的你必得病一回,必得!早晨起来,哎呀,头疼!买清瘟解毒丸去,还有阿司匹灵吗?不在乎要什么,要的是这个声势,狗的地位提高了不知多少。连懂点事的孩子也要闭眼想想了——这棵树可是倒不得呀!你在这时节可以发散发散狗的苦闷了,卫生①的要术。你若是个白吃饭的,这个方法也一样灵验。特别是妈妈与老嫂子,一见你真需要阿司匹灵,她们会知道你没得到你所应得的尊敬,必能设法安慰你:去听听戏,或带着孩子们看电影去吧?她们诚意的向你商量,本来你的病是吃小药饼或看电影都可以治好的,可是你的身份高多了呢。在朋友中,社会中,光景也与此略同。

此外,小病两日而能自己治好,是种精神的胜利。人就是别投降给大夫。无论国医西医,一律招惹不得。头疼而去找西医,他因不能断诊——你的病本来不算什么——一定嘱告你住院,而后详加检验,发现了你的小脚指头不是好东西,非割去不可。十天之后,头疼确是好了,可是足指剩了九个。国医文明一些,不提小脚指头这一层,而说你气虚,一开便是二十味药,他越摸不清你的脉,越多开药,意在把病吓跑。就是不找大夫。预防大病来临,时时以小病发散之,而小病自己会治,这就等于"吃了萝卜喝热茶,气得大夫满街爬!"

有宜注意者:不当害这种病时,别害。头疼,大则失去一个王位,小则能惹出是非。设个小比方:长官约你陪客,你说头疼不去,其结果有不易消化者。怎样利用小病,须在全部生活艺术中搜求出来。看清机会,而后一想象,乃由无病而有病,利莫大焉。

这个,从实际上看,社会上只有一部分人能享受,差不多是一种雅好的奢侈。可是,在一个理想国里,人人应该有这个自由与享受。自然,在理想国内也许有更好的办法;不过,什么办法也不及这个浪漫,这是小品病。

猫

思考与练习

1. 结合你对社会生活的观察和体会,谈谈你对文中"常害些小病是必要的"这句话的理解。

2. 阅读老舍《什么是幽默》一文,说说本文是如何体现作者的幽默观的。

3. 为什么老舍说小病"社会上只有一部分人能享受",而随后又说"在一个理想国里,人人应该有这个自由与享受"?从中可以看到老舍对理想社会的哪些希冀?

---

① 卫生:泛指个人的养生。

风 筝[①]

鲁 迅[②]

北京的冬季,地上还有积雪,灰黑色的秃树枝丫叉于晴朗的天空中,而远处有一二风筝浮动,在我是一种惊异和悲哀。

故乡的风筝时节,是春二月,倘听到沙沙的风轮[③]声,仰头便能看见一个淡墨色的蟹风筝或嫩蓝色的蜈蚣风筝。还有寂寞的瓦片风筝,没有风轮,又放得很低,伶仃地显出憔悴可怜模样。但此时地上的杨柳已经发芽,早的山桃也多吐蕾,和孩子们的天上的点缀相照应,打成一片春日的温和。我现在在那里呢?四面都还是严冬的肃杀,而久经诀别的故乡的久经逝去的春天,却就在这天空中荡漾了。

但我是向来不爱放风筝的,不但不爱,并且嫌恶他,因为我以为这是没出息孩子所做的玩艺。和我相反的是我的小兄弟,他那时大概十岁内外罢,多病,瘦得不堪,然而最喜欢风筝,自己买不起,我又不许放,他只得张着小嘴,呆看着空中出神,有时至于小半日。远处的蟹风筝突然落下来了,他惊呼;两个瓦片风筝的缠绕解开了,他高兴得跳跃。他的这些,在我看来都是笑柄,可鄙的。

有一天,我忽然想起,似乎多日不很看见他了,但记得曾见他在后园拾枯竹。我恍然大悟似的,便跑向少有人去的一间堆积杂物的小屋去,推开门,果然就在尘封的什物堆中发现了他。他向着大方凳,坐在小凳上;便很惊惶地站了起来,失了色瑟缩着。大方凳旁靠着一个胡蝶风筝的竹骨,还没有糊上纸,凳上是一对做眼睛用的小风轮,正用红纸条装饰着,将要完工了。我在破获秘密的满足中,又很愤怒他的瞒了我的眼睛,这样苦心孤诣地来偷做没出息孩子的玩艺。我即刻伸手折断了胡蝶的一支翅骨,又将风轮掷在地下,

---

① 选自《鲁迅散文全集:朝花夕拾》(鲁迅著,万卷出版公司2019年版)。
② 鲁迅(1881—1936),原名周樟寿,后改名周树人,字豫山,后改字豫才,著名的文学家、思想家、革命家、教育家、民主战士,新文化运动的重要参与者,中国现代文学的奠基人之一。
③ 风轮:风筝上能迎风转动发声的小轮。

踏扁了。论长幼,论力气,他是都敌不过我的,我当然得到完全的胜利,于是傲然走出,留他绝望地站在小屋里。后来他怎样,我不知道,也没有留心。

然而我的惩罚终于轮到了,在我们离别得很久之后,我已经是中年。我不幸偶而看了一本外国的讲论儿童的书,才知道游戏是儿童最正当的行为,玩具是儿童的天使。于是二十年来毫不忆及的幼小时候对于精神的虐杀的这一幕,忽地在眼前展开,而我的心也仿佛同时变了铅块,很重很重的堕下去了。

但心又不竟堕下去而至于断绝,他只是很重很重的堕着,堕着。

我也知道补过的方法的:送他风筝,赞成他放,劝他放,我和他一同放。我们嚷着,跑着,笑着。——然而他其时已经和我一样,早已有了胡子了。

我也知道还有一个补过的方法的:去讨他的宽恕,等他说,"我可是毫不怪你呵。"那么,我的心一定就轻松了,这确是一个可行的方法。有一回,我们会面的时候,是脸上都已添刻了许多"生"的辛苦的条纹,而我的心很沉重。我们渐渐谈起儿时的旧事来,我便叙述到这一节,自说少年时代的胡涂。"我可是毫不怪你呵。"我想,他要说了,我即刻便受了宽恕,我的心从此也宽松了罢。

"有过这样的事么?"他惊异地笑着说,就像旁听着别人的故事一样。他什么也不记得了。

全然忘却,毫无怨恨,又有什么宽恕之可言呢?无怨的恕,说谎罢了。

我还能希求什么呢?我的心只得沉重着。

现在,故乡的春天又在这异地的空中了,既给我久经逝去的儿时的回忆,而一并也带着无可把握的悲哀。我倒不如躲到肃杀的严冬中去罢,——但是,四面又明明是严冬,正给我非常的寒威和冷气。

思考与练习

1. 1919年鲁迅在《国民公报》"新文艺栏"连续发表了七篇《自言自语》,其中《我的兄弟》一文可与《风筝》对读,因为这是鲁迅在不同情况下对同一素材的两度书写。根据你对鲁迅其人、其文的理解,你认为为什么鲁迅念念不忘童年的这段生活,六年之间连写两遍?

2. 对比文章开头两段对北京的冬季与故乡的春天景物的描写,说出二者有何不同。作者的情感选择是怎样的?

3. 细读文章最后一段。"我倒不如躲到肃杀的严冬中去罢"与"四面又明明是严冬,正给我非常的寒威和冷气",结合你对全文的理解,两个句子中的"严冬"是一个意思吗?为什么?

*最坚强的时刻在梦里①

李　娟②

很久以前我们在深山里，那年外婆八十八岁，我决定带着她离开。我收拾好行李，和外婆走到土公路边等车，等了很久很久。我对外婆说："以后你就跟着我过，跟我到乌鲁木齐生活。"我都打算好了我们两个怎么过日子，租什么样的房子。外婆轻轻答应着，但什么也没说，后来才说："我不是不想和你在一起。我是怕拖累你。"我眼泪流个不停，但还是说："外婆，我们一起过，你不要怕。"后来车来了，我们上了车。我晕车，一路上不停下车呕吐。外婆也跟着下了车抚摸我的背。后来车路过一家荒野小店，大家下车休息。当时那家店里只提供炸鱼，我便给外婆买了一些。外婆本来从不吃有腥味的东西，那天却吃了很多。之前我们在山林间一连坐了七八个小时的车，一路颠簸，我们都又累又饿。

还有一次，一个朋友打了个电话来，告诉了我一些事情。我强装镇定，思路清晰地与她一问一答。挂上电话后，万念俱灰，像是第一次感受到一个词——"无依无靠"。我不顾一切地痛哭，后来听到外婆在隔壁房间走动的声音。

有一次我搬了新家，把外婆接来。房间里空空荡荡，所有的家具只有一把折叠的行军床和一根绳子。外婆睡行军床，我睡地板。绳子横牵在客厅里。所有衣物和零碎物什都挂在上面。直到半年后我才有了一张床。又过了半年，床上才铺了褥子。那一年外婆九十三岁。当我搀着她第一次走进那个空房间时，我对她说："外婆，以后我们就住在这里了。"她四处看了看，找个地方坐下来，解开了外套扣子。

有一次，我决定不上学了。我去找妈妈，去到遥远深山中一个从未去过

---

① 选自《这世间所有的白：李娟作品精选集》（李娟著，重庆出版社 2012 年版）。

② 李娟（1979—　），当代作家，作品以散文为主，曾获 2012 年朱自清散文奖、2011 年度人民文学奖、第七届鲁迅文学奖等。其代表作有《我的阿勒泰》《阿勒泰的角落》《冬牧场》等。

的村庄，下了车，司机指着村头一幢孤零零的泥土房屋说："那就是你家。"我推门进去，迎面扑来熏羊肉的味道。外婆在炖肉，她从不吃羊肉，闻着味道就恶心，却知道那个是有营养的东西，她乐于炖给我们吃。那时她八十六岁，还没有摔跤，还没有偏瘫，还很硬朗很清醒。我们生活的房间很小很小，顶多 10 平方米，前半截是裁缝店，后半截睡觉和做饭，中间挂了块布帘。我们家共有四五块布料，挂在墙上。而村里的另一家裁缝店有五六十种布料，挂了满满当当一面墙。我开始跟着妈妈干裁缝活，生活终日安静。后来妈妈买了录音机，不停地放歌。后来所有磁带里的每一首歌我们都会唱了。

有一次，我从外面回家，那是在深山里，我们的家是一面用木头撑起来的塑料棚，还没有帐篷结实。我走进塑料棚，看到妈妈正在称糖块，她把糖每两百克分作一堆。外婆站在一旁，将那些糖堆一一装进事先准备好的塑料袋里，并扎紧口。那样一包糖卖两块钱。两人做这事做了很久很久。我看到柜台下已经装好了好几箱子了。那么漫长的岁月。

还有一次，我五岁。外婆对我说："我们没有钱了。"生命中第一次感觉到了焦灼和悲伤。那时我的妈妈在外面四处流浪，当时外婆是拾破烂的，整天四处翻垃圾桶。我在吃苹果的时候对外婆说："我一天只吃一个，要不然明天就没有了。"很多年后，外婆都能记得这句话。

——这些，都不是梦。昨天晚上的情景是梦。我梦到以前不停地搬家租房的那些年月，梦见很少的一点点商品稀稀落落摆在货架上。梦见我们一家三口安静地围着一盘菜吃饭。

饿

生命一直陷落在那些岁月里。将来，见到他以后，我要对他说："世上竟会有那么多的悲伤。不过没关系的，我最终还是成为了自己最想成为的样子。"

思考与练习

1. 这篇文章描述了几个回忆中的场景？如果用一个词来形容这些场景的共性，你会用哪个词？为什么？

2. 作者李娟曾获人民文学奖非虚构作品奖，授奖词写道："正是这种富有价值的、兼具深情与克制的日常记录和生活描写，使她的文学疆域远远超越具体的地理界线与时间限定，在广大的时空中获得延伸性的力量。"你认为本文是否"兼具深情与克制的日常记录和生活描写"？请举例说明。

3. 你的生活中是否有文中"外婆"这样的人？请用尽可能朴素的语言记录他们身上的故事。

一、语文知识问答

1. 老舍的幽默,其艺术魅力独步文坛。曹禺曾说:"他(老舍)的作品中的'幽默'是今天中国任何作家所没有的。美国的马克·吐温以其'幽默',在美国和国际上享有那么崇高的地位,那么我们的老舍先生也是可以与之媲美的。"读《小病》一文,体会老舍幽默中蕴含的深刻的哲理、辛酸的眼泪、对弱者的同情、辛辣的讽刺和热情的欢笑。

2. 鲁迅是20世纪最伟大的中国作家之一。你对他的了解有多少?通过拓展阅读,并充分利用博物馆资源,全方位地了解鲁迅,谈谈你对鲁迅的了解与认识。

3. 《最坚强的时刻在梦里》写了"外婆""妈妈""我"三位女性,她们在对待"生命一直陷落"的岁月时表现出了怎样的共同的精神气质?结合自己的成长,谈谈你如何理解文中的"梦"与现实生活的关系。

二、语文实践活动

1. 活动内容

(1) 阅读老舍的幽默诗文集,了解其人生经历和人生态度,列出你的阅读清单,书籍清单或篇目清单均可。留意老舍对"幽默"与"滑稽"的不同认识,体会老舍的正义感、同情心,做摘抄。

(2) 阅读李娟的散文,理解其面对苦难的"诗意"态度,列出你的阅读清单,书籍清单或篇目清单均可。

(3) 结合新型冠状病毒肺炎疫情的全球大流行,谈谈你对本单元选文的认识。

2. 活动方式

(1) 组织一次读书分享会,彼此分享收集的老舍散文书单与精彩篇目。如有摘抄,请以拍照或截图方式呈现,并说明抄录的理由。

(2) 组织一次读书分享会,彼此分享收集的李娟散文书单与精彩篇目。如有摘抄,请以拍照或截图方式呈现,并说明抄录的理由。

(3) 拟一个与本单元选文相关的主题,如"幽默与滑稽""我理解的'坚强'""疫情时期的家庭关系""我的疫情见闻"等,围绕主题开展讨论,发言尽可能做到真实、坦率、有序,讨论时尽量做到少质疑,少评论,多倾听,多理解。

3. 活动小结

（1）总结读书分享会的成果，整理书单和篇目，附上推荐理由与阅读体会，与同学们分享。

（2）对主题讨论进行总结，重在记录过程，尊重不同意见，不急于得出结论。

三、应用写作实训

请在"中国大学 MOOC"App 上搜索写作类课程，学习报告的相关知识，结合本单元的二维码资源，学习报告这一常用文体的基本写作要求，并写一篇习作，题目自拟。

报告视频

报告例文

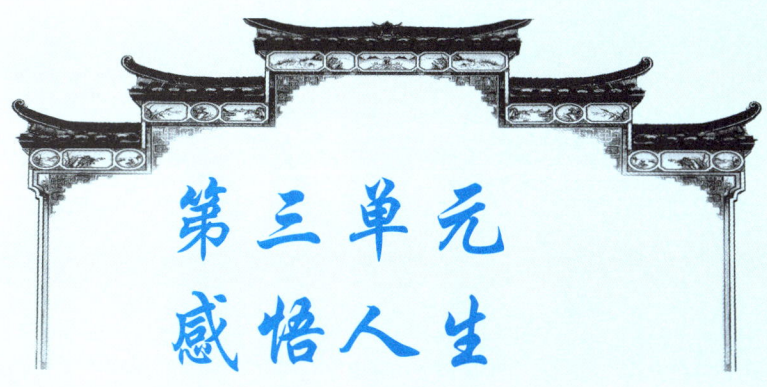

第三单元
感悟人生

  人生是什么？对这个永恒的话题，从不同的角度思索，就会有不同的解答：人生像一局棋，有进有退，有输有赢；人生像一幅画，山重水复，跌宕起伏；人生像一壶酒，藏得越久，味越醇厚……

  人生历程神奇变幻，人生内涵丰富多元，人生智慧需要独特感悟。古往今来，骚人墨客对人生多有咏叹，先贤圣哲对人生多有高论，其汇集在人文经典里，引导我们走进人生圣殿，聆听嘉言，领受教诲。

  本单元的三篇选文从不同的角度，阐释了作者对人生、对生命的感悟。

  周国平让我们读到了一封令人动情的信，同时也敞开了他的思想情怀，那对人生和生命本质的认知，在朴素而美丽的语言里闪烁，提醒我们透过忙碌的生计、世俗的功利发现生命和生命的遇合之情，千万别沉溺于俗务琐事和名利，淡化了纯真生命，淡忘了人生意义。

  冯友兰站在哲学高度阐述人生境界，引发人们对人生意义的独立思考，同时启示人们：在做平常事情的时候，也应有精神追求，使自己变成一个达到道德境界的人。

  《傅雷家书》不是普通的家书。据傅雷所说，他给儿子写信有多重目的，除了激发青年人的感想、提升儿子的文笔和思想，还包括做一面忠实的"镜子"，指导儿子的生活。其子傅聪前信中提到的"精神消沉"，我们也常遇到。阅读这两封家书，如同与一位人生经验丰富、对我们怀着深爱的长辈促膝晤谈，有豁然开朗之感，人生体悟也随之变得深切。

生命本来没有名字[1]

周国平[2]

这是一封读者来信,从一家杂志社转来的。每个作家都有自己的读者,都会收到读者的来信,这很平常。我不经意地拆开了信封。可是,读了信,我的心在一种温暖的感动中战栗了。

请允许我把这封不长的信抄录在这里——

"不知道该怎样称呼您,每一种尝试都令自己沮丧,所以就冒昧地开口了,实在是一份由衷的生命对生命的亲切温暖的敬意。

"记住您的名字大约是在七年前,那一年翻看一本《父母必读》,上面有一篇写孩子的或者是写给孩子的文章,是印刷体却另有一种纤柔之感,觉得您这个男人的面孔很别样。

"后来慢慢长大了,读您的文章便多了,常推荐给周围的人去读,从不多聒噪什么,觉得您的文章和人似乎是很需要我们安静的,因为什么,却并不深究下去了。

"这回读您的《时光村落里的往事》,恍若穿行乡村,沐浴到了最干净最暖和的阳光。我是一个卑微的生命,但我相信您一定愿意静静地

---

[1] 选自《中国新时期经典散文》(王剑冰选编,长江文艺出版社2004年版)。
[2] 周国平(1945—),当代学者、作家、哲学家,主要作品有《守望的距离》《各自的朝圣路》《安静》《善良·丰富·高贵》等。

听这个生命说:'我愿意静静地听您说话……我从不愿把您想象成一个思想家或散文家,您不会为此生气吧。'

"也许再过好多年之后,我已经老了,那时候,我相信为了年轻时读过的您的那些话语,我要用心说一声:谢谢您!"

信尾没有落款,只有这一行字:"生命本来没有名字吧,我是,你是。"我这才想到查看信封,发现那上面也没有寄信人的地址,作为替代的是"时光村落"四个字。我注意了邮戳,寄自河北怀来。

从信的口气看,我相信写信人是一个很年轻的刚刚长大的女孩,一个生活在穷城僻镇的女孩。我不曾给《父母必读》寄过稿子,那篇使她和我初次相遇的文章,也许是这个杂志转载的,也许是她记错了刊载的地方,不过这都无关紧要。令我感动的是她对我的文章的读法,不是从中寻找思想,也不是作为散文欣赏,而是一个生命静静地倾听另一个生命。所以,我所获得的不是一个作家的虚荣心的满足,而是一个生命被另一个生命领悟的温暖,一种暖入人性根底的深深的感动。

"生命本来没有名字"——这话说得多么好!我们降生到世上,有谁是带着名字来的?又有谁是带着头衔、职位、身份、财产等来的?可是,随着我们长大,越来越深地沉溺于俗务琐事,已经很少有人能记起这个最单纯的事实了。我们彼此以名字相见,名字又与头衔、身份、财产之类相连,结果,在这些寄生物的缠绕之下,生命本身隐匿了,甚至萎缩了。无论对己对人,生命的感觉都日趋麻痹。多数时候,我们只是作为一个称谓活在世上。即使是朝夕相处的伴侣,也难得以生命的本然状态相待,更多的是一种伦常和习惯。浩瀚宇宙间,也许只有我们的星球开出了生命的花朵,可是,在这个幸运的星球上,比比皆是利益的交换,身份的较量,财产的争夺,最罕见的偏偏是生命与生命的相遇。仔细想想,我们是怎样地本末倒置,因小失大,辜负了造化的宠爱。

是的——我是,你是,每一个人都是一个多么普通又多么独特的生命,原本无名无姓,却到底可歌可泣。我、你、每一个生命都是偶然地来到这个世界上,完全可能不降生,却毕竟降生了,然后又将必然地离去。想一想世界在时间和空间上的无限,每一个生命的诞生的偶然,怎能不感到一个生命与另一个生命的相遇是一种奇迹呢。有时我甚至觉得,两个生命在世上同时存在过,哪怕永不相遇,其中也仍然有一种令人感动的因缘。我相信,对于生命的这种珍惜和体悟乃是一切人间之爱的至深的源泉。你说你爱你的妻子,可是,如果你不是把她当作一个独一无二的生命来爱,那么你的爱还是比较有限。你爱她的美丽、温柔、贤惠、聪明,当然都对,但这些品质在别的女人身上也能找到。唯独她的生命,作为一个生命体的她,却是在普天下的女人身上也无法重组或再生的,一旦失去,便是不可挽回地失去了。世上什么都能重复,恋爱可以再谈,配偶可以另择,身份可以炮制,钱财可以重挣,甚至历史也可以重演,唯独生命不能。愈是精微的事物愈不可重复,所以,与每一个既普通又独特的生命相比,包括名声地位财产在内的种种外在遭遇实在粗浅得很。

既然如此,当另一个生命,一个陌生得连名字也不知道的生命,远远地却又那么亲近地发现了你的生命,透过世俗功利和文化的外观,向你的生命发出了不求回报的呼应,这岂非人生中令人感动的幸遇?

所以,我要感谢这个不知名的女孩,感谢她用她的安静的倾听和领悟点拨了我的生命的性灵。她使我愈加坚信,此生此世,当不当思想家或散文家,写不写得出漂亮文章,真是不重要。我唯愿保持住一分生命的本色,一分能够安静聆听别的生命也使别的生命愿意安静聆听的纯真,此中的快乐远非浮华功名可比。

很想让她知道我的感谢,但愿她能读到这篇文章。

思考与练习

1. 作者是怎样由一封读者来信谈开去,对"生命本来没有名字"作了至真至深的阐释的?

2. 请根据文章的具体内容,并结合自己的生活体验,说说你对"一个生命被另一个生命领悟的温暖"的理解。

3. 读到作者情思、哲理、语言兼美的散文,我们会觉得思想境界的提升使人生变得格外美好。请谈谈这篇散文融抒情与议论于一体的美体现在哪里。

人生的境界①

冯友兰②

哲学的任务是什么？我曾提出，按照中国哲学的传统，它的任务不是增加关于实际的积极的知识，而是提高人的精神境界。在这里更清楚地解释一下这个话的意思，似乎是恰当的。

我在《新原人》一书中曾说，人与其他动物的不同，在于人做某事时，他了解他在做什么，并且自觉他在做。正是这种觉解③，使他正在做的对于他有了意义。他做各种事，有各种意义，各种意义合成一个整体，就构成他的人生境界。如此构成各人的人生境界，这是我的说法。不同的人可能做相同的事，但是各人的觉解程度不同，所做的事对于他们也就各有不同的意义。每个人各有自己的人生境界，与其他任何个人的都不完全相同。若是不管这些个人的差异，我们可以把各种不同的人生境界划分为四个概括的等级。从最低的说起，它们是：自然境界，功利境界，道德境界，天地境界。

一个人做事，可能只是顺着他的本能或其社会的风俗习惯。就像小孩和原始人那样，他做他所做的事，而并无觉解，或不甚觉解。这样，他所做的事，对于他就没有意义，或很少意义。他的人生境界，就是我所说的自然境界。

一个人可能意识到他自己，为自己而做各种事。这并不意味着他必然是不道德的人。他可以做些事，其后果有利于他人，其动机则是利己的。所以他所做的各种事，对于他，有功利的意义。他的人生境界，就是我所说的功利境界。

---

① 选自《三松堂小品》（冯友兰著，单纯选编，北京出版社1998年版）。
② 冯友兰(1895—1990)，哲学家、哲学史家，主要作品有《中国哲学史》《新理学》《新事论》等。
③ 觉解：觉悟，理解。

还有的人，可能了解到社会的存在，他是社会的一员。这个社会是一个整体，他是这个整体的一部分。有这种觉解，他就为社会的利益做各种事，或如儒家所说，他做事是为了"正其义不谋其利①"。他真正是有道德的人，他所做的都是符合严格的道德意义的道德行为。他所做的各种事都有道德的意义。所以他的人生境界，是我所说的道德境界。

最后，一个人可能了解到超乎社会整体之上，还有一个更大的整体，即宇宙。他不仅是社会的一员，同时还是宇宙的一员。他是社会组织的公民，同时还是孟子所说的"天民"②。有这种觉解，他就为宇宙的利益而做各种事。他了解他所做的事的意义，自觉他正在做他所做的事。这种觉解为他构成了最高的人生境界，就是我所说的天地境界。

这四种人生境界之中，自然境界、功利境界的人，是人现在就是的人；道德境界、天地境界的人，是人应该成为的人。前两者是自然的产物，后两者是精神的创造。自然境界最低，其次是功利境界，然后是道德境界，最后是天地境界。它们之所以如此，是由于自然境界，几乎不需要觉解；功利境界、道德境界，需要较多的觉解；天地境界则需要最多的觉解。道德境界有道德价值，天地境界有超道德价值。

照中国哲学的传统，哲学的任务是帮助人达到道德境界和天地境界，特别是达到天地境界。天地境界又可以叫作哲学境界，因为只有通过哲学，获得对宇宙的某些了解，才能达到天地境界。但是道德境界，也是哲学的产物。道德行为，并不单纯是遵循道德律的行为；有道德的人也不单纯是养成某些道德习惯的人。他行动和生活，都必须觉解其中的道德原理，哲学的任务正是给予他这种觉解。

生活于道德境界的人是贤人，生活于天地境界的人是圣人。哲学教人以怎样成为圣人的方法。成为圣人就是达到人作为人的最高成就。这是哲学的崇高任务。

在《理想国》中，柏拉图说，哲学家必须从感觉世界的"洞穴③"上升到理

---

① 正其义不谋其利：出自《汉书·董仲舒传》"正其义不谋其利，明其道不计其功"，是说做任何事情都是为了匡扶正义，不是为了私利。

② 天民：出自《孟子·尽心上》，原文是"有天民者，达可行于天下而后行之者也"。朱熹注："民者，无位之称，以其全尽天理，乃天之民，故谓之天民。"

③ 洞穴：古希腊哲学家柏拉图在其《理想国》第七卷中有"洞穴"之喻，说囚徒居于洞穴之中，只能看到洞穴后壁上的影子，并视之为真实，而将真正的物象当作非本质的梦幻。

智世界。哲学家到了理智世界,也就是到了天地境界。可是天地境界的人,其最高成就,是自己与宇宙同一,而在这个同一中,他也就超越了理智。

中国哲学总是倾向于强调,为了成为圣人,并不需要做不同于平常的事。他不可能表演奇迹,也不需要表演奇迹。他做的都只是平常人所做的事,但是由于有高度的觉解,他所做的事对于他就有不同的意义。换句话说,他是在觉悟状态做他所做的事,别人是在无明状态做他们所做的事。禅宗有人说,觉字乃万妙之源。由觉产生的意义,构成了他的最高的人生境界。

所以中国的圣人是既入世而又出世的,中国的哲学也是既入世而又出世的。随着未来的科学进步,我相信,宗教及其教条和迷信,必将让位于科学;可是人的对于超越人世的渴望,必将由未来的哲学来满足。未来的哲学很可能是既入世而又出世的。在这方面,中国哲学可能有所贡献。

匆忙与闲暇

"知不可而为"主义与"为而不有"主义

思考与练习

1. 本文论述的主要问题是什么?请找出文章的主旨句。

2. 作者划分人生境界的依据是什么?人生境界分为哪几种?

3. "觉解"一词贯穿全文,它与人生境界有着密切的关系。谈谈你对"觉解"一词的理解。

*傅雷家书两则①

傅 雷②

一③

聪,亲爱的孩子:收到九月二十二日晚发的第六信,很高兴。我们并没为你前信感到什么烦恼或是不安。我在第八信中还对你预告,这种精神消沉的情形,以后还是会有的。我是过来人,绝不至于大惊小怪。你也不必为此担心,更不必硬压在肚里不告诉我们。心中的苦闷不在家信中发泄,又哪里去发泄呢?孩子不向父母诉苦向谁诉呢?我们不来安慰你,又该谁来安慰你呢?人一辈子都在高潮—低潮中浮沉,惟有庸碌的人,生活才如死水一般;或者要有极高的修养,方能廓然④无累⑤,真正的解脱。只要高潮不过分使你紧张,低潮不过分使你颓废,就好了。太阳太强烈,会把五谷晒焦;雨水太猛,也会淹死庄稼。我们只求心理相当平衡,不至于受伤而已。你也不是栽了筋斗爬不起来的人。我预料国外这几年,对你整个的人也有很大的帮助。这次来信所说的痛苦,我都理会得;我很同情,我愿意尽量安慰你、鼓励你。克利斯朵夫⑥不是经过多少回这种情形吗?他不是一切艺术家的缩影与结晶吗?慢慢的你会养成另外一种心情对付过去的事:就是能够想到而不再惊心动魄,能够从客观的立场分析前因后果,做将来的借鉴,以免重蹈覆辙。一个人惟有敢于正视现实,正视错误,用理智分析,彻底感悟,终不至于被回忆侵蚀。我相信你逐渐会学会这一套,越来越坚强的。我以前在信

---

① 选自《傅雷家书》(傅雷著,傅敏编,辽宁教育出版社2004年版)。
② 傅雷(1908—1966),字怒安,号怒庵,翻译家、作家、教育家、美术评论家。傅雷有两子,傅聪为海内外享有盛誉的钢琴家,傅敏为英语教师。傅雷对其子家教极严,而又父爱至深,其家书后由傅敏整理成《傅雷家书》,广为流传。
③ 此信时间为1954年10月2日。
④ 廓然:静静地。
⑤ 无累:没有牵累。
⑥ 克利斯朵夫:法国作家罗曼·罗兰(Romain Rolland,1866—1944)的10卷本长篇小说《约翰·克利斯朵夫》的主人公。傅雷曾翻译过此书。

中和你提过感情的 ruin[创伤，覆灭]，就是要你把这些事当作心灵的灰烬看，看的时候当然不免感触万端，但不要刻骨铭心的伤害自己，而要像对着古战场一般的存着凭吊①的心怀。倘若你认为这些话是对的，对你有些启发作用，那么将来在遇到因回忆而痛苦的时候（那一定免不了会再来的），拿出这封信来重读几遍。

说到音乐的内容，非大家②指导见不到高天厚地③的话，我也有另外的感触，就是学生本人先要具备条件：心中没有的人，再经名师指点也是枉然的。

……

为了你，我前几天已经在《大英百科辞典》上找 Krakow[克拉可夫]那一节看了一遍，知道那是七世纪就有的城市，从十世纪起，城市的历史即很清楚。城中有三十余所教堂。希望你买一些明信片，并成一包，当印刷品（不必航空）寄来，让大家看看喜欢一下。

二④

人没有苦闷，没有矛盾，就不会进步。有矛盾才会逼你解决矛盾，解决一次矛盾即往前迈进一步。到晚年矛盾减少，即是生命将要告终的表现。没有矛盾的一片恬静只是一个崇高的理想，真正实现的话并不是一个好现象。凭了修养的功夫所能达到的和平恬静只是极短暂的，比如浪潮的尖峰，一刹那就要过去的。或者理想的平和恬静乃是微波荡漾，有矛盾而不太尖锐，而且随时能解决的那种精神修养，可绝非一泓死水；一泓死水有什么可羡呢？我觉得倘若苦闷而不致陷入悲观厌世，有矛盾而能解决（至少在理论上认识上得到一个总结），那么苦闷与矛盾并不可怕。所要避免的乃是因苦闷而导致身心失常或者玩世不恭，变作游戏人生的态度。从另一角度看，最伤人的（对己对人，对小我与集体都有害的）乃是由 passion[激情]出发的苦闷与矛盾，例如热衷名利而得不到名利的人，怀着野心而明明不能实现的人，经常忌妒别人、仇恨别人的人，那一类苦闷便是于己于人都有大害的。凡是从自卑感自溺狂⑤等来的苦闷对社会都是不利的，对自己也是致命伤。

① 凭吊：面对遗迹追念古人或旧事。
② 大家：著名的专家，即后文的"名师"。
③ 高天厚地：广大的天地，这里指艺术的至高境界。
④ 此信时间为1961年2月7日。
⑤ 自溺狂：即自恋狂，指惯于自赞自叹，并希望受人赞美的心理。英国哲学家罗素认为自溺狂是三种"自我沉溺"的表现之一。

反之,倘是忧时忧国,不是为小我打算而是为了社会福利、人类前途而感到的苦闷,因为出发点是正义,是理想,是热爱,所以即有矛盾,对己对人都无害处,倒反能逼自己做出一些小小的贡献来。但此种苦闷也须用智慧来解决,至少在苦闷的时间不能忘了明哲①的教训,才不至于转到悲观绝望,用灰色眼镜看事物,才能保持健康的心情继续在人生中奋斗——而唯有如此,自己的小我苦闷才能转化为一种活泼泼的力量而不仅仅成为愤世嫉俗的消极因素;因为愤世嫉俗并不能解决矛盾,也就不能使自己往前迈进一步。由此得出一个结论,我们不怕经常苦闷,经常矛盾,但必须不让这苦闷与矛盾妨碍我们愉快的心情。

成为有教养的人的八个条件

思考与练习

1. 第一封信中,傅雷是以怎样的态度对待儿子来信中所说的"精神消沉"的?信中先后表达了几层意思?请按顺序归纳、总结。

2. 第二封信中最令你感到有所触动的是哪句话?为什么?

3. 阅读《傅雷家书》,寻找其中对你有所启发的书信,与大家分享。

---

① 明哲:明智睿哲的人。

一、语文知识问答

1. 阅读作家、翻译家、出版家楼适夷在《傅雷家书》的代序《读家书,想傅雷》中的以下段落,谈谈你对亲子关系和代际沟通的观点。

　　人的自爱其子,也是一种自然的规律。人的生命总是有局限的,而人的事业却永远无尽,通过亲生的儿女,延续自己的生命,也延续与发展一个人为社会、为祖国、为人类所能尽的力量。因此培育儿女也正是对社会、对祖国、对人类世界所应该尽的一项神圣的义务与责任。我们看傅雷怎样培育他的孩子,也正和傅雷的对待其他一切一般,可看出傅雷是怎样以高度负责的精神与心力,在对社会、祖国与人类世界尽自己的责任的。傅聪在异国漂流的生活中,从父亲的这些书信中吸取了多么丰富的精神养料,使他在海外孤儿似的处境里,好像父母仍在他的身边,时时给他指导、鼓励与鞭策,使他有勇气与力量,去战胜各式各样的魔障与阻力,踏上自己正当成长的道路。这些书信,不仅仅使傅聪与亲人之间,建立了牢固的纽带,这一条纽带,也使傅聪与远离的祖国牢牢地建立了心的结合。不管国内家庭所受到的残酷遭遇,不管他自己所蒙受的恶名,他始终没有背弃他的祖国,他不受祖国敌对者多方的威胁利诱,没有说过或做过有损祖国尊严的言行。甚至在他的艺术巡礼中,也始终一贯,对与祖国采取敌对态度的国家的邀请,一律拒绝接受。直到一九七九年初次回国,到了香港,还有人替他担心可能产生麻烦,劝他暂时不要回来,但他相信祖国,也相信祖国会原谅他青年时代的行动,而给他以信任。这种信赖祖国、热爱祖国的精神,与傅雷在数万里外给他殷切的爱国主义的教育,是不能分开的。

2. 周国平在《生命本来没有名字》中说:"我们彼此以名字相见,名字又与头衔、身份、财产之类相连,结果,在这些寄生物的缠绕之下,生命本身隐匿了,甚至萎缩了。无论对己对人,生命的感觉都日趋麻痹。多数时候,我们只是作为一个称谓活在世上。即使是朝夕相处的伴侣,也难得以生命的本然状态相待,更多的是一种伦常和习惯。"反观我们自己与周遭的生活圈,以及社会上的百色人等,你是否认同这种说法?应该如何破解此"人生大惑"?

3. 学习冯友兰关于"人生的境界"之分析和提示,对社会百态和自己的人生状况做些反思和分析,看我们处于何种境界,思考怎样提升。

二、语文实践活动

1. 活动内容

(1) 收集、整理名人家书的相关作品。

(2) 从整理的作品中,选择至少一部,认真阅读,可择要摘抄。

(3) 在"如面谈"主题交流中,分享阅读成果与人生感悟。

2. 活动方式

(1) 在本校图书馆、读书 App 中寻找名人家书相关作品,如《梁启超家书》《曾文正公家书》《沈从文家书》《抗战家书》等,尽可能全面地列出书单。

(2) 从上述书单中选择一部作品,制定共读计划,与读书小组共同有计划地阅读。

(3) 组织读书分享会,交流家书阅读感想。

(4) 观看书信朗读类文化节目《见字如面》,在关注书信内容的同时,品鉴读信嘉宾的表演。

3. 活动小结

(1) 从前辈、名家那里,你得到了哪些人生感悟?请结合本单元的课堂学习和实践活动,写下你的体会。

(2) 将"如面谈"活动按时间线作清晰梳理,记录活动参与者的人生感悟,写成总结。

三、应用写作实训

请在"中国大学 MOOC"App 上搜索写作类课程,学习总结的相关知识,结合本单元的二维码资源,学习总结这一常用文体的基本写作要求,并写一篇习作,题目自拟。

总结视频　　　　总结例文

第四单元
回眸历史

历史长河波澜壮阔，人类社会在浪涛奔涌中，创造过无数里程碑式的辉煌，也曾出现过不堪回首的黯淡。内容广博的史册，不仅全方位地记载了人类文明的进程，也将人类优秀的文化遗产代代传承。

因此，有人说，历史是我们民族这棵参天大树的根荄；有人说，历史是一面镜子，可以知照得失，让人们引以为戒；有人说，历史是一堆灰烬，后人还能摸到余温；还有人说，历史是个任人打扮的小姑娘，会不断改变原来的面目。鲁迅不用比喻，直言"历史上都写着中国的灵魂，指示着将来的命运"。

晓月下的卢沟桥，狮影水声仿佛叠印出历史的一页页、一幕幕，是诉说，是呼唤，还是呐喊？史铁生的"老家"，是各种表格上的一个地名，还是父辈近乡情怯的传说？当我们循着尘封的心灵之路向记忆深处回溯的时候，历史的面目是清晰还是模糊？《史记》之伟大，仅仅在于其累积的历史知识吗？司马迁的人生体验和超越生命的渴望贯穿于历史的精神中，当我们跟随史家一起回眸，唯有把自己的生命也投射其中，才能真正体会由"盈虚有数"的众多生命汇成的波澜壮阔的历史长河。

历史让我们知道先贤走过怎样的路，祖辈有着怎样的梦，亲人从哪里来。历史给我们血痕，也给我们滋养；历史给我们断喝，更给我们荫庇……历史是影响后代实践活动的一种规定性力量。历史与现实、历史与未来之间组结着难以割断的紧密关联。我们今天回眸历史，不是为了怀古猎奇，不是为了扼腕慨叹，而是为了鉴往昭来，更清醒地关注现实，更从容地走向明天。

卢 沟 晓 月[1]

王统照[2]

"苍凉自是长安日,呜咽原非陇头水[3]。"

这是清代诗人咏卢沟桥的佳句,也许,长安日与陇头水六字有过分的古典气息,读去有点碍口?但,如果你们明了这六个字的来源,用联想与想象的力量凑合起,提示起这地方的环境、风物,以及历代的变化,你自然感到像这样"古典"的应用确能增加卢沟桥的伟大与美丽。

打开一本详明的地图,从现在的河

---

① 选自《柔和的风:王统照散文精选》(王统照著,山东文艺出版社 2014 年版)。本文原名《卢沟桥》,原载 1938 年 11 月 1 日《少年读物》第 5 号,署名韦佩,后收入 1940 年 1 月文化生活出版社初版《去来今》,改题《卢沟晓月》。

② 王统照(1897—1957),现代小说家、诗人,长期从事写作和教育、编辑工作。中华人民共和国成立后,他曾任山东大学教授兼文学系主任,以及山东省文学艺术界联合会主席等职。他著有诗集《童心》、小说集《春雨之夜》和中长篇小说《一叶》《黄昏》《山雨》等。六卷本《王统照文集》是他的作品比较完整的汇编。

③ 苍凉自是长安日,呜咽原非陇头水:见明代黄佐《晓发卢沟望京城有感》诗。长安,中国古都之一(时代为汉至唐代,地点为今西安市一带),国都的通称。陇头水,陇山(位于今甘肃、陕西一带)顶的流水。《三秦记》云:"其坂九回,上者七日乃越,上有清水四注下,所谓陇头水也。"唐代于濆《陇头吟》云:"借问陇头水,终年恨何事。""陇头水"又为汉乐府名,内容多为苦寒思乡,风格哀婉悲怨。"苍凉自是长安日,呜咽原非陇头水"二句大意是:远望四野如此苍凉,这太阳原是古代诗人笔下那轮"长安日";俯听桥下流水呜咽不已,却并不是那哀婉的"陇头水"。下文"清代诗人"当属作者误记。

北省、清代的京兆区域里你可找得那条历史上著名的桑干河①。在往古的战史上,在多少吊古伤今的诗人的笔下,"桑干河"三字并不生疏。但,说到治水、㶟水、灅水这三个专名似乎就不是一般人所知了。还有,凡到过北平的人,谁不记得北平城外的永定河;即便不记得永定河,而外城的正南门、永定门,大概可说是"无人不晓"罢。我虽不来与大家谈考证,讲水经,因为要叙叙卢沟桥,却不能不谈到桥下的水流。

治水,㶟水,灅水,以及俗名的永定河,其实都是那一道河流——桑干。

还有,河名不甚生疏,而在普通地理书上不大注意的是另外一道大流——浑河。浑河源出浑源,距离著名的恒山不远,水色浑浊,所以又有小黄河之称。在山西境内已经混入桑干河,经怀仁,大同,委弯曲折,至河北的怀来县。向东南流入长城,在昌平县境的大山中如黄龙似地转入宛平县境,二百多里,才到这座巨大雄壮的古桥下。

原非陇头水,是不错的,这桥下的汤汤②流水,原是桑干与浑河的合流;也就是所谓治水,㶟水,灅水,永定河与浑河,小黄河,黑水河(浑河的俗名)的合流。

桥工的建造既不在北宋的时代,也不开始于蒙古人的占据北平。金人与南宋南北相争时,于大定二十九年③六月方将这河上的木桥换了,用石料

---

① 桑干河:永定河的上游,在河北西北部和山西北部,相传每年桑葚成熟时河水干涸,故名。上源恢河出自山西北部的管涔山。桑干河含沙量大,有"小黄河"之称。其主要支流有壶流河、御河、浑河。㶟(xí)水、灅(lěi)水,均为桑干河的别称。

② 汤汤(shāngshāng):水流大而急的样子。

③ 大定二十九年:公元1189年。

造成。这是见之于金代的诏书,据说:"明昌二年①三月桥成,敕命②名广利,并建东西廊以便旅客。"

马可波罗③来游中国,服官于元代的初年时,他已看见这雄伟的工程,曾在他的游记里赞美过。

经过元明两代都有重修,但以正统九年④的加工比较伟大,桥上的石栏、石狮,大约都是这一次重修的成绩。清代对此桥的大工役也有数次,乾隆十七年⑤与五十年两次的动工,确为此桥增色不少。

"东西长六十六丈,南北宽二丈四尺,两栏宽二尺四寸,石栏一百四十,桥孔十有⑥一,第六孔适当⑦河之中流。"

按清乾隆五十年重修的统计,对此桥的长短大小有此说明,使人(没有到过的)可以想象它的雄壮。

从前以北平左近的县分属顺天府,也就是所谓京兆区。经过名人题咏的,京兆区内有八种胜景:例如西山霁⑧雪,居庸叠翠,玉泉垂虹等,都是很幽美的山川风物。卢沟不过有一道大桥,却居然也与西山居庸关一样刊入

---

① 明昌二年:当为明昌三年(1192)。

② 敕(chì)命:命令,多指天命或帝王的诏令。敕,自上命下之词,汉代凡尊长或官长告诫子孙或僚属,皆称敕,南北朝以后专指皇帝诏书。《金史》卷二十七云:"二十八年五月,诏卢沟河使旅往来之津要,令建石桥。未行而世宗崩。章宗大定二十九年六月,复以涉者病河流湍急,诏命造舟,既而更命建石桥。明昌三年三月成,敕命名曰广利。有司谓车驾之所经行,使客商旅之要路,请官建东西廊,令人居之。"(二十八年五月,世宗下诏说卢沟河是使节、旅客往来的要道,命令修建石桥。还没有施行,世宗就去世了。章宗大定二十九年六月,又由于过河的人抱怨河流湍急,章宗下诏令造船,后来又命令建石桥。桥于明昌三年三月建成,下诏命名为广利桥。有关官吏认为广利桥是皇帝的车马要经过的地方,是使臣、商旅必经的重要道路,请求由官府修建东西廊,让人居住。)

③ 马可波罗:即马可·波罗(Marco Polo,约1254—1324),意大利旅行家,在中国先后居住了约17年,有《马可·波罗游记》。全书共分4卷,重点记述其在中国居住期间进行外交、贸易、行政管理活动的见闻,以及中国的地形和风俗。它对于欧洲人了解东方和新航路的开辟,以及现代科学文化的发展均有影响,也是古代地理学史和亚洲历史研究的重要文献。

④ 正统九年:公元1444年。

⑤ 乾隆十七年:公元1752年。下文"五十年"为公元1785年。

⑥ 有(yòu):通"又",用于整数与零数之间。

⑦ 适当:正好对着。

⑧ 霁(jì):雨后或雪后转晴。

八景之一,便是极富诗意的"卢沟晓月"。

本来,"杨柳岸晓风残月"①是最易引动从前旅人的感喟与欣赏的凌晨早发的光景;何况在远来的巨流上有这一道雄伟壮丽的石桥,又是出入京都的孔道,多少官吏、士人、商贾②、农、工,为了事业,为了生活,为了游览,他们不能不到这名利所萃的京城,也不能不在夕阳返照,或东方未明时打从这古代的桥上经过。你想:在交通工具还没有如今迅速便利的时候,车马、担簦③,来往奔驰,再加上每个行人谁没有忧、喜、欣、戚的真感横在心头,谁不为"生之活动"在精神上负一份重担?盛景当前,把一片壮美的感觉移入渗化于自己的忧喜欣戚之中,无论他是有怎样的观照④,由于时间与空间的变化错综,面对着这个具有崇高美的压迫力的建筑物,行人如非白痴,自然以其鉴赏力的差别,与环境的相异,生发出种种的触感。于是留在他们的中心,或留在借文字绘画表达出的作品中,对于"卢沟桥"三字真有很多的酬报。

不过,单以"晓月"形容卢沟桥之美,据传说是另有原因:每当旧历的月尽头(晦日),天快晓时,下弦的钩月在别处还看不分明,如有人到此桥上,他偏先得清光。这俗传的道理是否可靠,不能不令人疑惑,其实,卢沟桥也不过高起一些,难道同一时间在西山山顶,或北平城内的白塔(北海山上)上,看那晦晓的月亮,会比卢沟桥上不如?不过,话还是不这么拘板说为妙,用

---

① 杨柳岸晓风残月:北宋词人柳永《雨霖铃·寒蝉凄切》词中的名句。

② 商贾(gǔ):商人。古代散用时"商"和"贾"同义,对举时一般"商"指行商,"贾"指坐商。

③ 担簦(dēng):背着伞,谓奔走、跋涉。簦,长柄笠,类似现在的雨伞。

④ 观照:佛教指静观世界而照见事理,此处意为反映。

"晓月"陪衬卢沟桥的实是一位善于想象而又身经的艺术家的妙语,本来不预备后人去做科学的测验。你想,"一日之计在于晨",何况是行人的早发。朝气清濛,烘托出那钩人思感的月亮——上浮青天,下嵌白石的巨桥。京城的雉堞①若隐若现,西山的云翳②似近似远,大野无边,黄流激奔……这样的光,这样的色彩,这样的地点与建筑,不管是料峭的春晨,凄冷的秋晓,景物虽然随时有变,但若无雨雪的降临,每月末五更头的月亮、白石桥、大野、黄流,总可凑成一幅佳画,渲染飘浮于行旅者的心灵深处,发生出多少样反射的美感。

你说:偏以"晓月"陪衬这"碧草卢沟"(清刘履芬③的《鸥梦词》中有《长亭怨》一阕,起语是:叹销春间关④轮铁,碧草卢沟,短长程接),不是最相称的"妙境"吗?

无论你是否身经其地,现在,你对于这名标历史的胜迹,大约不止于"发思古之幽情"⑤罢?其实,即以思古而论也尽够你深思、咏叹,有无穷的兴感!何况血痕染过那些石狮的鬈鬣⑥,白骨在桥上的轮迹里腐化,漠漠风

---

① 雉堞(zhì dié):泛指城墙。雉,古代计算城墙面积的单位,长三丈、高一丈为一雉。堞,城上呈齿形的矮墙,也称女墙。

② 云翳(yì):阴暗的云。

③ 刘履芬:清代诗人,字彦清,一字泖生,号沤梦、皋庑,别署江东阿斗、莎厅,著有《古红梅阁遗集》(内有骈文两卷、古近体诗五卷)、《鸥梦词》。

④ 间关:车轮转动时车轴的摩擦声。

⑤ 发思古之幽情:语出汉代班固的《西都赋》"愿宾摅(shū)怀旧之蓄念,发思古之幽情"。

⑥ 鬈鬣(quán liè):某些兽类(如马、狮子)颈上弯曲的长毛。鬈,毛发弯曲的样子。鬣,某些兽类颈上的长毛。

沙,呜咽河流,自然会造成一篇悲壮的史诗。就是万古长存的"晓月"也必定对你惨笑,对你冷觑①,不是昔日的温柔、幽丽,只引动你的"清念"。

桥下的黄流,日夜呜咽,泛挹②着青空的灏气③,伴守着沉默的郊原……

他们都等待着有明光大来与洪涛冲荡的一日——那一日的清晓。

思考与练习

1. 有人评价本文是一篇"讨倭的檄文",但作者写"卢沟晓月"时,为什么没有直接提起这里发生过"七七事变"? 阅读本文时,你想起了那段历史吗?

2. 作者思接千载,含蓄从容的文字下面有着宏阔的视野、深邃的思虑和热切的期望。最后一句"他们都等待着有明光大来与洪涛冲荡的一日——那一日的清晓"令读者生出无限的联想和想象,其中有中华的辉煌,有民族的苦难,更有时代的呐喊。读了下面的词语,你有哪些联想? 写下来。

(1) 卢沟晓月。

(2) 八种胜景。

(3) 杨柳岸晓风残月。

(4) 行人的早发。

(5) 血痕染过那些石狮的鬈鬣。

(6) 万古长存的"晓月"。

(7) 明光大来与洪涛冲荡的一日。

3. 在祖国广袤的土地上,有无数在历史上曾被"血痕染过"的桥梁、弄堂、屋舍、村落……当你来到它们面前,你也会"深思、咏叹,有无穷的兴感"。请从你的游历中选出一处景点,写出你的一望、一哭(笑)、一叹、一思……

---

① 觑(qù):看,瞧。

② 泛挹:洋溢。

③ 灏(hào)气:弥漫在天地间的正大刚直之气。灏,通"浩",浩大、广大。

老　家[①]（节选）

史铁生[②]

　　常要在各种表格上填写籍贯，有时候我写北京，有时候写河北涿州，完全即兴。写北京，因为我生在北京长在北京，大约死也不会死到别处去了。写涿州，则因为我从小被告知那是我的老家，我的父母及祖上若干辈人都曾在那儿生活。查词典，籍贯一词的解释是：祖居或个人出生地。——我的即兴碰巧不错。

　　可是这个被称为老家的地方，我是直到四十六岁的春天才第一次见到它。此前只是不断地听见它。从奶奶的叹息中，从父母对它的思念和恐惧中，从姥姥和一些亲戚偶尔带来的消息里面，以及从对一条梦幻般的河流——拒马河——的想象之中，听见它。但从未见过它，连照片也没有。奶奶说，曾有过几张在老家的照片，可惜都在我懂事之前就销毁了。

　　四十六岁的春天，我去亲眼证实了它的存在；我跟父亲、伯父和叔叔一起，坐了几小时汽车到了老家。涿州——我有点儿不敢这样叫它。涿州太具体，太实际，因而太陌生。而老家在我的印象里一向虚虚幻幻，更多的是一种情绪，一种声音，甚或一种光线一种气息，与一个实际的地点相距太远。我想我不妨就叫它 Z 州吧，一个非地理意义的所在更适合连接起一个延续了四十六年的传说。

　　然而它果真是一个实实在在的地方，有残断的城墙，有一对接近坍圮[③]的古塔，市中心一堆蒿草丛生的黄土据说是当年钟鼓楼的遗址，当然也有崭新的酒店、餐馆、商厦，满街的人群，满街的阳光、尘土和叫卖。城区的格局与旧北京城近似，只是缩小些，简单些。中心大街的路口耸立着一座仿古牌

---

　　①　选自《以前的事》（史铁生著，东方出版中心 2006 年版）。

　　②　史铁生（1951—2010），当代作家、编剧。他年轻时双腿瘫痪，后又患上尿毒症，靠透析维持生命。他的中短篇小说集《我的遥远的清平湾》曾获 1983 年全国优秀短篇小说奖，小说《老屋小记》曾获首届鲁迅文学奖。

　　③　坍圮：崩塌，倒塌。

楼(也许确凿是个古迹,唯因旅游事业而修葺一新),匾额上五个大字:天下第一州。中国的天下第一着实不少,这一回又不知是以什么为序。

我们几乎走遍了城中所有的街巷。父亲、伯父和叔叔一路指指点点感慨万千:这儿是什么,那儿是什么,此一家商号过去是什么样子,彼一座宅院曾经属于一户怎样的人家,某一座寺庙当年如何如何香火旺盛,庙会上卖风筝,卖兔爷①,卖莲蓬,卖糖人儿、面茶、老豆腐……庙后那条小街曾经多么僻静呀,风传有鬼魅出没,天黑了一个人不敢去走……城北的大石桥呢?哦,还在还在,倒还是老样子,小时候上学放学他们天天都要从那桥上过,桥旁垂柳依依,桥下流水潺潺,当初可是Z州一处著名的景观啊……咱们的小学校呢?在哪儿?那座大楼吗?哎哎,真可是今非昔比啦……

我听见老家在慢慢地扩展,向着尘封的记忆深入,不断推新出陈。往日,像个昏睡的老人慢慢苏醒,唏嘘②叹惋之间渐渐生气勃勃起来。历史因此令人怀疑。循着不同的情感,历史原来并不确定。

一路上我想,那么文学所求的真实是什么呢?历史难免是一部御制③经典,文学要弥补它,所以看重的是那些沉默的心魂。历史惯以时间为序,勾画空间中的真实;艺术不满足这样的简化,所以去看这人间戏剧深处的复杂,在被普遍所遗漏的地方去询问独具的心流。我于是想起西川④的诗:

我打开一本书,/一个灵魂就苏醒/……/我阅读一个家族的预言/我看到的痛苦并不比痛苦更多/历史仅记录少数人的丰功伟绩/其他人说话汇合为沉默

我的老家便是这样。Z州,一向都在沉默中。但沉默的深处悲欢俱在,无比生动。那是因为,沉默着的并不就是普遍,而独具的心流恰是被一个普遍读本简化成了沉默。

汽车缓缓行驶,接近史家旧居时,父亲、伯父和叔叔一声不响,唯睁大眼

---

① 兔爷:亦作"兔儿爷",老北京民间的传统玩具,源于明末的祭月泥偶,清代起逐渐转变成儿童的玩具。

② 唏嘘:叹息,感慨。

③ 御制:帝王所作,或奉帝王之命所作。

④ 西川:本名刘军,当代诗人,其作品对中国当代诗歌的发展有重要影响。这里引用的诗句出自西川的《书籍》一诗。

睛望着窗外。史家的旧宅错错落落几乎铺开一条街,但都久失修整,残破不堪。"这儿是六叔家。""这儿是二姑家。""这儿是七爷爷和七奶奶。""那边呢？噢,五舅曾在那儿住过。"……简短的低语,轻得像是怕惊动了什么,以致那一座座院落也似毫无生气,一片死寂。

汽车终于停下,停在了"我们家"的门口。

但他们都不下车,只坐在车里看,看斑驳的院门,看门两边的石墩,看屋檐上摇动的枯草,看屋脊上露出的树梢……伯父首先声明他不想进去："这样看看,我说就行了。"父亲于是附和："我说也是,看看就走吧。"我说："大老远来了,就为看看这房檐上的草吗？"伯父说："你知道这儿现在住的谁？""管他住的谁！""你知道人家会怎么想？人家要是问咱们来干吗,咱们怎么说？""胡汉三①又回来了呗！"我说。他们笑笑,笑得依然谨慎。伯父和父亲执意留在汽车上,叔叔推着我进了院门。院子里没人,屋门也都锁着,两棵枣树尚未发芽,疙疙瘩瘩的枝条与屋檐碰撞发出轻响。叔叔指着两间耳房对我说："你爸和你妈,当年就在这两间屋里结的婚。""你看见的？""当然我看见的。那天史家的人去接你妈,我跟着去了。那时我十三四岁,你妈坐上花轿,我就跟在后头一路跑,直跑回家……"我仔细打量那两间老屋,心想,说不定,我就是从这儿进入人间的。

从那院子里出来,见父亲和伯父在街上来来回回地走,向一个个院门里望,紧张,又似抱着期待。街上没人,处处都安静得近乎怪诞。"走吗？""走吧。"虽是这样说,但他们仍四处张望。"要不就再歇会儿？""不啦,走吧。"这时候街的那边出现一个人,慢慢朝这边走。他们便都往路旁靠一靠,看着那个人,看他一步步走近,看他走过面前,又看着他一步步走远。不认识。这个人他们不认识。这个人太年轻了他们不可能认识,也许这个人的父亲或者爷爷他们认识。起风了,风吹动屋檐上的荒草,吹动屋檐下的三项白发。已经走远的那个人还在回头张望,他必是想：这几个老人站在那儿等什么？

思考与练习

1. 习惯了宏大的历史叙事,我们往往用伟人的存在将时间划分为若干段落,本文却将关注点聚焦于易被忽略的平凡人,通过记述寻访"老家"之旅,重新定义"历史"的内涵。"历史难免是一部御制经典,文学要弥补它,所

---

① 胡汉三：电影《闪闪的红星》中的反派,"我胡汉三又回来了"是其著名台词。

以看重的是那些沉默的心魂。"你如何理解这句话?

2. 细读作者对长辈们接近史家旧居时神态、语言的描写,哪些段落最能引起你的共鸣?为什么?

3. 你了解自己的"老家"或"来处"吗?试着以可能的方式接近它并记录下这个过程。

*史学中的文学力量①（节选）

李 零②

我们先谈《史记》。读它，我有一个感觉，就是我是在和活人谈话。司马迁，好人。好人经常倒霉，我对他很同情，也很佩服，觉得他这一辈子没有白活。

《史记》是一部什么样的书？大家都知道，它是一部史书，而且是史部第一，就像希罗多德③之于希腊，我们也是把司马迁当"史学之父"。但此书之意义，我理解，并不在于它是开了纪传体的头。相反，它的意义在哪儿？我看，倒是在于它不是一部以朝代为断限，干巴巴罗列帝王将相，孳孳④于一姓兴亡的狭义史书，像晚于它又模仿它的其他二十多部现在称为"正史"的书。我欣赏它，是因为它视野开阔，胸襟博大，早于它的事，它做了总结；晚于它的事，它开了头。它是一部上起轩辕，下迄孝武，"究天人之际，通古今之变"的"大历史"。当时的"古代史""近代史"和"当代史"，它都讲到了。特别是他叙事生动，笔端熔铸感情，让人读着不枯燥，而且越想越有意思。

司马迁作《史记》，利用材料很多。它们不仅有"石室金匮"（汉代的国家图书馆兼档案馆）收藏的图书档案，也有他调查采访的故老传闻，包含社会调查和口头历史的成分。学者对《史记》引书做详细查证，仅就明确可考者而言，已相当可观。我们现在还能看到的早期古书，他差不多都看过。我们现在看不到的古书，即大家讲的佚书⑤，更是多了去。这些早期史料，按后世分类，主要属于经、子二部，以及史部中的"古史"。经书，其中有不少是来

---

① 选自《花间一壶酒》（李零著，山西人民出版社2010年版）。
② 李零（1948— ），北京大学中文系教授，主要从事先秦考古与古汉语研究，有《马放南山》《花间一壶酒》等随笔集，《中国方术正考》《〈孔子〉十三篇综合研究》《简帛古书与学术源流》《铄古铸今》《放虎归山》等学术著作。
③ 希罗多德：古希腊作家，他把旅行中的所闻所见和波斯阿契美尼德帝国的历史记录下来，著成《历史》一书，成为西方文学史上第一部完整流传下来的散文作品。
④ 孳孳：专心一意。孳，通"孜"。
⑤ 佚书：散失的书籍。

自官书旧档,年代最古老。它们经战国思想过滤,同诸子传记一起,积淀为汉代的"六艺之书"和"六家之学"。司马迁"厥协六经异传,整齐百家杂语",是我们从汉代思想进窥先秦历史的重要门径。不仅如此,它还涉及诗赋、兵书、数术、方技,包含后世集部和子部中属于专门之学的许多重要内容,同时又是百科全书式的知识总汇。它于四部①仅居其一,但对研究其他三部实有承上启下(承经、子,启史、集)的关键作用。借用一句老话,就是"举一隅而三隅反②"。据我所知,有些老先生,不是科举时代的老先生,而是风气转移后的老先生,他们就是拿《史记》当阅读古书的门径,甚至让自己的孩子从这里入手。比如大家都知道,王国维③和杨树达④,他们的古书底子就是《史》《汉》。所以,我一直认为,这是读古书的一把钥匙,特别是对研究早期的学者,更是如此。

读《史记》,除史料依据,编纂体例也很重要。这本书的体例,按一般讲法,是叫"纪传体",而有别于"编年体"(如鲁《春秋》《左传》《纪年》及后世的《通鉴》)和"纪事本末体"(如《国语》《国策》和后人编的各种纪事本末)。但更准确地说,它是以"世系"为经,"编年""纪事"为纬,带有综合性,并不简单是由传记而构成,在形式上,是模仿早期贵族的谱牒⑤。司马迁作史,中心是"人",框架是"族谱"。它是照《世本》和汉代保存的大量谱牒,按世系分衍,来讲"空间"(国别、地域、郡望)和"时间"(朝代史、国别史和家族史),以及"空间""时间"下的"人物"和"事件"。它有十二本纪、三十世家、七十列传,"本纪"是讲"本",即族谱的"根"或"主干";"世家"是讲"世",即族谱的"分枝";"列传"是讲"世"底下的人物,即族谱的"叶"。这是全书的主体。它的本纪、世家都是分国叙事、编年叙事,用以统摄后面的列传。本纪、世家之

---

① 四部:四部分类法是分类大部分中国古代典籍的方法,分经、史、子、集四类,基本上囊括了中国古代的所有书籍。经部包括政教、纲常伦理、道德规范的教条,主要是儒家的典籍。史部包括各种体裁的历史、地理和典章制度著作。子部包括诸子百家及宗教著作。集部包括历代作家个人或多人的散文、骈文、诗、词、散曲等的集子和文学评论、戏曲等著作。

② 举一隅而三隅反:语出《论语·述而》,指从一件事物的情况、道理类推而知道许多事物的情况、道理。

③ 王国维:字静安,晚号观堂,在文学、美学、史学、哲学、金石学、甲骨文、考古学等领域成就卓著,著述甚丰,有《红楼梦评论》《宋元戏曲考》《人间词话》《观堂集林》《殷周制度论》《流沙坠简》等。

④ 杨树达:字遇夫,号积微,语言文字学家。

⑤ 谱牒:亦作"谱谍",记述氏族或宗族世系的书籍。

外,还有"十表"互见,作全书的时空框架。其"纪传五体",其中只有"八书"是讲典章制度,时空观念较差,属于结构性描述。原始人类有"寻根癖",古代贵族有"血统论",春秋战国"礼坏乐崩",但"摆谱"的风气更盛("世"在当时是贵族子弟的必修课),很多铜器铭文,都是一上来就"自报家门",说我是"某某之子某某之孙"。司马迁虽生于布衣可取卿相的汉代,但他是作"大历史"。他要打通古今,保持连贯,还是以这样的体裁最方便。这是我们应该理解他的地方。

司马迁作《史记》,其特点不仅是宏通博大,具有高度概括性,而且更重要的是,它还能以"互文相足之法",节省笔墨,存真阙疑,尽量保存史料的"鲜活"。比如初读《史记》的人,谁都不难发现,它的记述往往自相矛盾,不但篇与篇之间会有这种问题,就是一篇之内也能摆好几种说法,让人觉得莫衷一是。但熟悉《史记》体例的人,他们都知道,这是作者"兼存异说",故意如此。它讲秦就以秦的史料为主,讲楚就以楚的史料为主,尽量让"角色"按"本色"讲话。这非但不是《史记》的粗疏,反而是它的谨慎。如果吹毛求疵,给《史记》挑错,当然会有大丰收,但找错误的前提,首先也是理解。

报任安书

《史记》伟大,它的作者更伟大。我们"读其书而想见其为人",一定要读他的《太史公自序》和《报任安书》。《太史公自序》很重要,因为只有读这篇东西,你才能了解他的学术背景和创作过程,知道他有家学渊源、名师传授,"读万卷书,行万里路",人生老到,所以文笔也老到。但我们千万不要忽略,他还有一封《报任安书》。如果我们说《太史公自序》是司马迁的"学术史",那么《报任安书》就是他的"心灵史"。这是一篇"欲死不能"之人同"行将就死"之人的心灵对话,每句话都掏心窝子,里面浸透着生之热恋和死之痛苦。其辗转于生死之际的羞辱、恐惧和悲愤,五内俱焚、汗发沾背的心理创伤,非身临其境,绝难体会。小时候读《古文观止》①,我总以为这是最震撼人心、催人泪下的一篇。

司马迁为"墙倒众人推"的李将军(李陵)打抱不平,惨遭宫刑,在我看来,正是属于鲁迅所说敢于"抚哭叛徒"的"脊梁"。他和李将军,一个是文官,一个是武将,趣舍②异路,素无杯酒交欢,竟能舍饭碗、性命不顾,仗义执

---

① 《古文观止》:清人吴楚材、吴调侯叔侄选编和注释的一部文言散文选集。此书是清以来最流行的散文选本之一,选编了上自东周、下至明代的二百余篇散文作品,题材广泛,代表性强,语言简洁易明,篇幅短小精悍,是文言文教学的经典教材。

② 趣舍:取舍。趣,通"取"。

言,已是诸、刿之勇①不能当。而更难的是,他还能在这场"飞来横祸"之后,从命运的泥潭中撑拄自拔,发愤著书,成就其名山事业。读《报任安书》,我有一点感想:历史并不仅仅是一种由死人积累的知识,也是一种由活人塑造的体验。这种人生体验和超越生命的渴望,乃是贯穿于文学、艺术、宗教、哲学和历史的共同精神。史家在此类"超越"中尤为重要。它之所以能把自身之外"盈虚有数"的众多生命汇为波澜壮阔的历史长河,首先就在于,它是把自己的生命也投射其中。我想,司马迁之为司马迁,《史记》之为《史记》,人有侠气,书有侠气,实与这种人生经历有关。一帆风顺,缺乏人生体验,要当历史学家,可以;但要当大历史学家,难。我以为,"大历史"的意义就在通古今,齐生死。

以个人荣辱看历史,固然易生偏见,司马迁讲历史,却能保持清醒客观,即使是写当代之事,即使是有切肤之痛,也能控制情绪,顶多在赞语中发点感慨,出乎人生,而入乎历史,写史和评史,绝不乱掺和。

对司马迁的赞语和文学性描写,我很欣赏。因为恰好是在这样的话语之中,我们才能窥见其个性,进而理解他的传神之笔。例如,在他笔下,即使是"成者为王"的汉高祖也大有流氓气,即使是"败者为贼"的项羽也不失英雄相。就连刺客,他也会说"不欺其志,名垂后世";就连李斯这样的"大坏蛋",他也会描写其临死之际,父子相哭,遥想当年,牵黄犬,逐狡兔的天伦之乐。很多"大人物"写得就像"小人物"一样。

同司马迁的"发愤著书"有关,《李将军传》也值得一读(有趣的是,它是放在《匈奴传》和《卫将军传》的前边)。他讲李陵之祸,着墨不多,对比《汉书》,好像一笔带过。这种省略是出于"不敢言"还是"不忍言",我们很难猜测。但他在赞语中说:

> 传曰"其身正,不令而行;其身不正,虽令不从",其李将军之谓也?余睹李将军,悛悛如鄙人,口不能道辞。及死之日,天下知与不知,皆为尽哀。彼其忠实心诚信于士大夫也?谚曰"桃李不言,下自成蹊"。此言虽小,可以谕大也。

司马迁说的"李将军"是李广而不是李陵,然陵为广孙,有其家风,就连命运的悲惨都一模一样。我们拿这段话对比苏建评卫青的话,"大将军至尊重,而天下之贤大夫毋称焉"(《卫将军传》赞引),他的"无言"不是更胜于"有言"吗?

---

① 诸、刿之勇:像专诸、曹刿那样的豪勇。两人都是《史记·刺客列传》中记载的刺客。

汉代以后,"卫将军"只见称于记录汉代武功的史乘,而无闻于民间。相反,李将军却借诗文的传诵而大出其名。1997年,中国历史博物馆举办全国考古新发现精品展,其中有敦煌市博物馆送展的西晋壁画砖,上面有个骑马的人物,正在回头射箭,上有榜题为证,不是别人,正是李广。

看见李将军,我就想到了司马迁,想到了史学中的文学力量。

思考与练习

1. 本文认为《史记》乃"史部第一",请循着作者思路,逐一列举做出这一判断的理由。

2. 本文提出,理解《史记》的伟大,须知其作者之伟大,因此推荐了两篇文章。这两篇文章分别是什么?它们对"想见其为人"有什么作用?

3. 你如何理解"史学中的文学力量"?

一、语文知识问答

1. 传统历史观认为,历史是客观存在的事实,书写者只需秉持中立态度,即可再现真相。但在文学创作与研究领域,基于对语言本质的认识,有另一种不同的观念:历史书写并非天然具备中立和透明的特质,正如德里达所言,"没有文本之外的世界"。换言之,历史并不是对史实单一的记载,亦非对于过去的事件的单纯记录。细读史铁生的《老家》一文,体会作家在面对历史时有哪些独特的关注点。

2. 《卢沟晓月》用了相当大的篇幅展开考据,严谨、冷静的考据也产生了特殊的感召作用,貌似枯燥的数据丰富了读者的想象,悠久的历史与古老的文化产生了崇高美的辐射力。深入体会《卢沟晓月》不用轻佻之笔的写作手法,体会作者以历史的神圣与文学的尊严共同营造的氛围。

3. 意大利著名作家卡尔维诺说:"经典是那些你经常听人家说'我正在重读……'而不是'我正在读……'的书。"谈谈你对《史学中的文学力量》一文的理解,思考此文是如何注释卡尔维诺关于经典的另一段论述"经典作品是这样一些书,我们越是道听途说,以为我们懂了,当我们实际读它们,我们就越是觉得它们独特、意想不到和新颖"的。

二、语文实践活动

1. 活动内容

(1)阅读以下材料,了解口述历史,有意识地建立历史意识。

口述是一种搜集历史的途径,一般由学者、记者、学生等访问曾经亲历历史现场的见证人,再以文字笔录、有声录音、影像录影等形式加以记录。

学者傅光明指出:"口述史的意义在于,它对同一事件的多元叙述呈现出与'过去'不同的多个侧面。不同的声音之间,有'共存、互扰、矛盾';不同的声部之间也常有'遮掩、覆盖';也许还有人试图将自己的声音作为独唱,而将历史简单地画上句号。我曾为此迷惑不解,现在则越发清晰地认识到,这种'罗生门'式的历史真实才是历史的至少一种意义所在。"

(2)有计划地阅读中国历史典籍。

2. 活动方式

(1)选择一个感兴趣的历史主题,可以是古代史、现代史甚至当代史主题,采访相关对象,忠实记录,写成一篇文章,可长可短。

(2)收集与口述史相关的书籍、材料,列出清单。

(3)成立"《史记》共读会",制定学习计划,有条不紊地推进阅读。

3. 活动小结

(1)交流各自的口述史小文章,相同的主题可以归为一类,开一次分享会。

(2)梳理口述史相关的学习资源,与同学们分享。

(3)坚持经典史籍共读活动,每月总结学习成果。

三、应用写作实训

请在"中国大学 MOOC"App 上搜索写作类课程,学习计划的相关知识,结合本单元的二维码资源,学习计划这一常用文体的基本写作要求,并写一份学习计划,题目自拟。

计划例文

事务文书测试题

第五单元
赏析诗文

　　中国是诗的国度,《诗经》《楚辞》,唐诗宋词,蔚为大观。路漫漫,任屈原上下求索,诗悠悠,在汨罗江畔飘零;秋雨是杜甫笔下难圆的残梦,月亮是李白举目可见的乡愁。我们通过诗歌了解诗人,亦由其拨动我们的心弦,加深对诗歌的理解。一首《黍离》,让我们体会国破家亡之痛;听杜甫缅怀蜀相之心声,感受其济世无人的哀伤;随李白登金陵凤凰台,历史典故、眼前景物和诗人的忧国伤时之情怀交织在一起,意旨尤为深远。

　　一切景语皆情语。青年毛泽东以词言志,一阕《沁园春·长沙》将鹰击鱼翔、百舸争流的秋景同以天下为己任的豪情壮志融为一体,大气磅礴。艾青的《鱼化石》运用隐喻手法,把象征性的抒情同哲理性的思辨结合起来,抒发对生活、对生命、对人生的真知灼见。

　　同诗词一样,散文也是我国文学宝库中的璀璨明珠。佳作浩如烟海,我们只能文海拾贝,读之赏之。《大学》继承和发展了孔子修身的思想,完整地提出了儒家学说的人格范式:格物、致知、诚意、正心、修身、齐家、治国、平天下。《渔父》寥寥数语,以虚拟的对白展现人物内心的矛盾,塑造了一个不随波逐流、不妥协、特立独行的高洁志士形象。王国维的《人间词话》引其心仪的词人名句,来论古今成大事业、大学问者立业、治学的"三境界",可见中华诗文瑰宝一直是文化中国的思想资源。诗文作为宝贵的精神食粮,不仅蕴含着崇高的人格美和深刻的智性美,更沉积着一个伟大民族不灭的精魂。欣赏诗文,可陶冶情操,加强修养,真切感受其思想和艺术魅力,从而获得丰富的审美体验,也能领略自然和人生的多姿多彩,获得启悟,从而更好地弘扬博大精深的中华优秀传统文化,滋养我们的现代文明。

黍　离①

《诗经》

彼黍②离离③,彼稷④之苗。行迈⑤靡靡⑥,中心⑦摇摇⑧。知我者⑨,谓我心忧;不知我者,谓我何求⑩。悠悠苍天,此⑪何人哉!

彼黍离离,彼稷之穗。行迈靡靡,中心如醉⑫。知我者,谓我心忧;不知我者,谓我何求。悠悠苍天,此何人哉!

彼黍离离,彼稷之实。行迈靡靡,中心如噎⑬。知我者,谓我心忧;不知我者,谓我何求。悠悠苍天,此何人哉!

思考与练习

1. 这首诗表达了诗人怎样的情感?诗中哪些词语表达了作者的这种情感?
2. 这首诗大量运用叠字来抒情。读读品品,体会这些叠字的抒情效果。
3. 全诗采用重章叠句的表现手法,有何作用?

诗经别裁
(节选)

---

① 选自《诗经》(党秋妮编译,三秦出版社2018年版)。
② 黍:一种重要的粮食作物,也称黍子,去皮后叫大黄米,性黏,供食用或酿酒。
③ 离离:庄稼一行行排列整齐的样子。
④ 稷(jì):谷子,去皮后叫小米。一说指高粱。古代以稷为百谷之长,并奉为五谷之神。汉以后以粟为稷,唐以后又以黍为稷。"黍""稷"为互文,"离离"兼对二者形容,下同。
⑤ 行迈:行走。行、迈都含步行意。
⑥ 靡(mǐ)靡:犹"迟迟",行步迟缓的样子。
⑦ 中心:心中。
⑧ 摇摇:忧愁不安的样子。
⑨ 知我者:了解我的心情的人。
⑩ 谓我何求:认为我久留不去是有什么要寻求。
⑪ 此:指造成这种伤心的局面的人。
⑫ 醉:心中忧愁,如醉酒一样难受而不能自持。
⑬ 噎:咽喉堵塞而难以喘息。此处形容忧思沉重,心里难受。

登金陵凤凰台[1]

李 白

葬花吟

凤凰台上凤凰游,凤去台空江自流。

吴宫[2]花草埋幽径,晋代衣冠[3]成古丘[4]。

三山[5]半落青天外,二水[6]中分白鹭洲[7]。

总为浮云能蔽日[8],长安不见使人愁[9]。

思考与练习

1. 分别概括这首诗颔联和颈联的内容,并说说其中寄寓了诗人什么样的感慨。

2. "总为浮云能蔽日"一句用了何种修辞手法?尾联表达了诗人怎样的思想感情?

3. 分析此诗的主旨。

---

[1] 选自《李白诗选评》(赵昌平撰,上海古籍出版社2019年版)。

[2] 吴宫:三国时东吴定都建邺,此指东吴、东晋及南朝宋、齐、梁、陈各代皇宫旧址。

[3] 衣冠:名门世族。

[4] 成古丘:已成为一堆古墓。丘,坟墓。

[5] 三山:山名,以有三峰而得名。

[6] 二水:秦淮河流经南京而西入长江,因白鹭洲横于其间而分为二支。

[7] 白鹭洲:古长江中的小沙洲,洲上多集白鹭,故名。

[8] 浮云能蔽日:喻奸邪之障蔽贤良。古人常以浮云喻小人,以白日喻君主。浮云,陆贾《新语·慎微》云:"邪臣之蔽贤,犹浮云之障日月也。"

[9] 长安不见:喻向往帝都而不得至,寓功名、事业不遂,希望和理想不能实现之意。晋明帝司马绍数岁时,父问其曰:"汝谓日与长安孰远?"其对曰:"日近。举目见日,不见长安。"

蜀　相①

杜　甫

丞相祠堂何处寻②？锦官城③外柏森森④。
映阶碧草自春色，隔叶黄鹂空好音⑤。
三顾⑥频烦⑦天下计，两朝开济⑧老臣心。
出师未捷⑨身先死，长使英雄泪满襟。

思考与练习

1. 这首诗的首联中最生动传神的是什么字？有何作用？对翠柏的描写又有何作用？

---

①　选自《杜甫集》（［唐］杜甫著，江苏凤凰文艺出版社 2020 年版）。蜀相指三国时蜀国丞相诸葛亮。公元 221 年，刘备在蜀称帝，任命诸葛亮为丞相。

②　丞相祠堂：诸葛武侯祠，在今成都市南。诸葛亮于建兴元年（223）被后主刘禅封为武乡侯，故其庙又称武侯祠。

③　锦官城：在成都西南部，汉代主管织锦业的官员居此，故称，后成为成都的别称。

④　森森：树木高大、茂盛、繁密的样子。传说武侯祠前有一柏树为诸葛亮手植。

⑤　映阶碧草自春色，隔叶黄鹂空好音：春色与己无关，好音于己无闻，"自""空"互文，用反衬手法加倍写出诗人对诸葛亮的倾慕之情和凄恻之感。碧草春色，黄鹂好音，加一"自"字、"空"字，便凄清至极。

⑥　三顾：刘备曾三顾茅庐请诸葛亮出山。顾，拜访、探望。

⑦　频烦：多次烦劳，反复咨询。

⑧　两朝开济：诸葛亮辅佐先主刘备，后又辅佐刘禅。开济，经邦济世。杜甫《说旱》云："军郡之政，罢弊之俗，已下手开济矣。"

⑨　出师未捷："北定中原""兴复汉室，还于旧都"的理想未实现。《三国志·蜀书·诸葛亮传》载，建兴十二年（234）春，诸葛亮出师伐魏，据武功五丈原（今陕西岐山县南），与司马懿对峙于渭南，相持百余日。是年八月，亮病死军中，时岁五十四。

2. 颔联的诗眼是什么？试分析其表达作用。

3. 诸葛亮虽然雄才大略，功业昭著，却没有完成自己的事业，使人为之叹惋。至此，诗人写下千古名句："出师未捷身先死，长使英雄泪满襟。"此句中的"英雄"指什么人？这句诗流露出怎样的思想情感？

沁园春·长沙①

毛泽东

独立寒秋，
湘江北去，
橘子洲②头。
看万山红遍，
层林尽染③；
漫江碧透，
百舸④争流。
鹰击长空，
鱼翔浅底，
万类霜天竞自由。
怅寥廓⑤，
问苍茫大地，
谁主沉浮？

携来百侣曾游，
忆往昔峥嵘岁月稠⑥。
恰同学少年⑦，

---

① 选自《毛泽东诗词集》（中共中央文献研究室编，中央文献出版社 2003 年版）。沁园春，词牌名。
② 橘子洲：又名水陆洲，长沙西面的湘江中一个狭长的小岛，靠近岳麓山。
③ 层林尽染：山上一层层的树林经霜打变红，像染过一样。
④ 舸（gě）：大船，这里泛指船只。
⑤ 怅寥廓（liáokuò）：面对广阔的宇宙惆怅、感慨。怅，此指由深思而引发激昂慷慨的心绪。寥廓，广远空阔，这里用来描写宇宙之广阔。
⑥ 峥嵘（zhēngróng）岁月稠：过得不平常的日子是很多的。峥嵘，不平凡、不寻常。稠，多。
⑦ 同学少年：毛泽东于 1913 年至 1918 年就读于湖南第一师范学校。1918 年毛泽东和萧子升、蔡和森等组织新民学会，开始了他早期的政治活动。

风华正茂;
书生意气,
挥斥方遒。
指点江山,
激扬文字①,
粪土当年万户侯②。
曾记否,
到中流击水,
浪遏飞舟?

思考与练习

1. 体会"击"和"翔"的不同姿态和情态。

2. 此词是怎样写景抒情的?举例说出你的理解。

3. 毛泽东还写过一首《卜算子·咏梅》,是对陆游同题词"反其意而用之"的超凡脱俗之作。试比较两首《卜算子·咏梅》在主题思想方面的差异。

---

① 指点江山,激扬文字:评论国家大事,写出激浊扬清的文章。指点,这里是评论的意思。江山,国家。激扬,激浊扬清,抨击恶浊的,褒扬清明的。

② 粪土当年万户侯:把当时的军阀、官僚看得同粪土一样。万户侯,汉代设置的最高一级侯爵,这里借指大军阀、大官僚。

鱼化石[①]

艾 青[②]

动作多么活泼，
精力多么旺盛，
在浪花里跳跃，
在大海里浮沉；

不幸遇到火山爆发，
也可能是地震，
你失去了自由，
被埋进了灰尘；

过了多少亿年，
地质勘察队员，
在岩层里发现你，
依然栩栩如生。

但你是沉默的，
连叹息也没有，
鳞和鳍都完整，
却不能动弹；

你绝对的静止，
对外界毫无反应，
看不见天和水，

[①] 选自《艾青诗选》（艾青著，北京工艺美术出版社2017年版）。
[②] 艾青（1910—1996），原名蒋正涵，号海澄，曾用笔名莪（é）加、克阿、林壁等，现当代诗人。

听不见浪花的声音。

凝视着一片化石，
傻瓜也得到教训：
离开了运动，
就没有生命。

活着就要斗争，
在斗争中前进，
即使死亡，
能量也要发挥干净。

思考与练习

1. 第一节写鱼儿在变成化石之前那种自由、活泼、快乐的生活，这对它后来命运的描写有什么作用？
2. 全诗共七节，在诗意上可分几层？请写出每层的层意。
3. 作者通过对鱼化石的记叙和描写，告诉我们一个什么道理？

大　学[①]（节选）

　　大学之道[②]，在明明德[③]，在亲民[④]，在止于至善。知止[⑤]而后有定，定而后能静，静而后能安，安而后能虑，虑而后能得。物有本末，事有终始。知所先后，则近道矣。

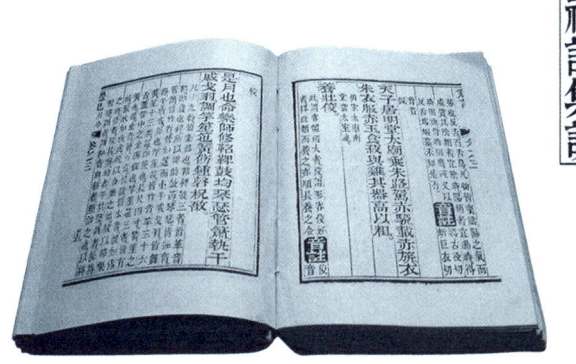

　　[①] 选自《大学·中庸》（王国轩译注，中华书局2006年版）。《大学》是"四书"之一，原为《礼记》中的一篇。
　　[②] 大学之道：大学的宗旨。大学，大人之学。
　　[③] 明明德：显明人的光明正大的品德。前一个"明"做动词，即"使……显明""使……彰明"，也就是发扬、弘扬的意思。后一个"明"做形容词。
　　[④] 亲民：即"新民"，使人弃旧图新、去恶从善。
　　[⑤] 知止：知道要达到的最高境界是"至善"。止，目标。

古之欲明明德于天下者,先治其国;欲治其国者,先齐其家①;欲齐其家者,先修其身②;欲修其身者,先正其心;欲正其心者,先诚其意;欲诚其意者,先致其知③;致知在格物④。

物格而后知至,知至而后意诚,意诚而后心正,心正而后身修,身修而后家齐,家齐而后国治,国治而后天下平。

自天子以至于庶人⑤,壹是⑥皆以修身为本⑦。其本乱而末⑧治者,否矣。其所厚⑨者薄,而其所薄⑩者厚,未之有也⑪。

思考与练习

1. 《大学》一文开宗明义地指出大学的宗旨就是彰显人的光明正大的品德。朱熹所说的"大学之纲领"是指什么?

2. 《大学》认为,人生来就具有高尚的"明德",入世以后,明德被遮蔽,只有经过"大学之道"的教育,方能重新发扬明德,革新民心,达到道德上至善至美的境界。怎样才能"明明德"?

3. 学《大学》,行《大学》,请联系实际谈谈,我们应该怎样做,才能真正做到修身、行雅,达到至善至美的人生境界。

---

① 齐其家:管理好自己的家庭或家族,使家庭或家族和和美美,兴旺发达。
② 修其身:修养自身的品性。
③ 致其知:获得对世界上万事万物的认识。
④ 格物:全面、透彻地研究世界上的万事万物。
⑤ 庶人:平民百姓。
⑥ 壹是:都是。
⑦ 本:根本。
⑧ 末:相对于"本"而言,指枝末、枝节。
⑨ 厚:重视。
⑩ 薄:轻视。
⑪ 未之有也:即"未有之也",没有这样的道理(事情、做法等)。

渔 父[1]

屈 原[2]

屈原既[3]放,游于江潭,行吟泽畔,颜色[4]憔悴,形容[5]枯槁。渔父见而问之曰:"子非三闾大夫与?何故至于[6]斯?"屈原曰:"举[7]世皆浊我独清;众人皆醉我独醒。是以见[8]放。"

渔父曰:"圣人不凝滞于[9]物,而能与世推移。世人皆浊,何不淈[10]其泥而扬其波?众人皆醉,何不铺其糟而歠其醨[11]?何故深思高

---

[1] 选自《诗经楚辞选评》(徐志啸撰,上海古籍出版社2018年版)。《渔父》采用寓言对话体的形式,假托渔父与屈原的一次相遇。通过两人的对话,展开思想交锋,把屈原内心的矛盾斗争外化出来,真实地反映了屈原的思想,表现了他崇高的人生追求。

[2] 屈原(约前340—约前278),战国时期诗人、政治家,名平,字原,又自称名正则,字灵均。屈原初任左徒、三闾大夫,主张推行"美政",改革政治,后遭旧贵族谗言攻击,被迫去官。楚顷襄王时,屈原被放逐至沅湘流域,终因理想无从实现,投汨罗江自杀。

[3] 既:已经。

[4] 颜色:脸色。

[5] 形容:形体、容貌。

[6] 至于:到。

[7] 举:全。

[8] 见:被。

[9] 凝滞:拘泥,执着。

[10] 淈(gǔ):搅浑。

[11] 铺(bū)其糟而歠(chuò)其醨(lí):吃酒糟,喝薄酒。铺,吃。歠,饮。醨,薄酒。

举①,自令放为②?"

屈原曰:"吾闻之,新③沐者必弹冠,新浴者必振衣。安能以身之察察④,受物之汶汶⑤者乎?宁赴湘流,葬于江鱼之腹中,安能以皓皓之白,而蒙世俗之尘埃乎?"

渔父莞尔⑥而笑,鼓枻⑦而去,乃歌曰:"沧浪⑧之水清兮,可以濯⑨吾缨;沧浪之水浊兮,可以濯吾足。"遂去,不复与言。

思考与练习

1. 本文中屈原的人格特征是怎样的?
2. 文章为何要以"渔父"为篇名?你认为渔父是一个怎样的形象?
3. 通过解读虚拟的人物对话,你认为作者旨在表达怎样的思想情感?

---

① 高举:高出世俗的行为。在文中与"深思"都是渔父对屈原的批评,有贬义,可译为(在行为上)自命清高。举,举动。
② 自令放为:让自己被流放。
③ 新:刚。
④ 身之察察:洁净的身体。
⑤ 汶(mén)汶:玷辱。
⑥ 莞(wǎn)尔:微笑的样子。
⑦ 鼓枻(yì):敲打船桨。
⑧ 沧浪:水名,汉水的支流,在湖北境内。
⑨ 濯(zhuó):洗。

*人生三境界①

王国维

古今之成大事业、大学问者，必经过三种之境界："昨夜西风凋碧树，独上高楼，望尽天涯路。②"此第一境也。"衣带渐宽终不悔，为伊消得人憔悴。③"此第二境也。"众里寻他千百度，蓦然回首，那人却在，灯火阑珊处。④"此第三境也。此等语皆非大词人不能道。然遽以此意解释诸词，恐为晏、欧诸公所不许也。

思考与练习

1. 王国维是借用三位词人的名句来表达他的境界观的。你能在理解其

---

① 选自《人间词话》（王国维著，敦煌文艺出版社2020年版）。《人间词话》作于1908—1910年，是王国维关于文学批评的著述中最为人所重视的一部作品，是中国现代较早尝试将西方文学美学思想与中国传统文学批评相融合的理论著作。"境界"说是《人间词话》的核心。王国维不仅把它视为创作原则，也把它当作批评标准，论断诗词的演变，评价词人的得失、作品的优劣、词品的高低。因此，"境界"说既是王国维文艺批评的出发点，又是其文艺思想的总归宿。

② 昨夜西风凋碧树，独上高楼，望尽天涯路：出自晏殊《蝶恋花·槛菊愁烟兰泣露》，意为"昨夜西风吹凋了绿树，我独自登上高楼，望尽伸展到天涯的路"。

③ 衣带渐宽终不悔，为伊消得人憔悴：出自柳永《蝶恋花·伫倚危楼风细细》，意为"衣衫的腰带渐渐觉得松宽了，可我终究不会感到懊悔，为了思念的人儿，我愿消瘦得如此憔悴"。

④ 众里寻他千百度，蓦然回首，那人却在，灯火阑珊处：出自辛弃疾《青玉案·元夕》，意为"在众芳里我千百次寻找她，可都没找着；不经意间一回头，伊人却独自伫立在那灯火暗淡、零落之处"。

意的基础上,用自己的话说一说"人生三境界"吗?

2. 有评论家认为,王国维提出的古今求学问、干大事者必经三重境界,体现了一个"渐进"与"顿悟"的过程。你认为如何?

单元综合练习

一、语文知识问答

1. 《黍离》的句式有起伏跌宕之感。把握这一特征,在诵读中体会诗歌的音乐性对于表情达意的作用。

2. 温习《大学》"修身,齐家,治国,平天下"之语,把格物、诚意、正心的意思与之连贯起来,形成完整的理解。

3. 许多大师级的学者都对建构"境界"理论有浓厚兴趣和重要贡献。若你有意涉猎和加以钻研的话,可在冯友兰的《中国哲学史新编》中读到这样一段话——

王国维在这里先说是"三种境界",后来又说是"三境"。如果把境界了解为意境,那就只能称为三境。因为所说的三阶段是客观上本来有的,其中并没意义,所以不能称为意境。不过,王国维把这三阶段和词人的那几句词联系起来,那就是对于三阶段有理解,有感情,王国维的那一段话就成为一种意境了。但是,这不是原来的词人的意境,而是王国维的意境。意境和境是不同的,二者不是同义语。了解不同,对于了解什么是意境大有帮助。

谈谈你的体会。

二、语文实践活动

1. 活动内容

(1) 在体会教材所选诗文的思想艺术特点的基础上,读同一来源、作者的其他作品,体会其思想倾向和风格特色。

(2) 试着模仿《诗经》的体式写一首小诗,在课堂上互相交流。

2. 活动方式

(1) 可与多种艺术形式相结合,开展配乐朗诵。

(2) 选择古今诗文名句,用毛笔书写后作展示。

3. 活动小结

在教师引领下进行自我小结,扬长避短,以利于今后此类活动开展的经常化。

三、应用写作实训

请在"中国大学 MOOC"App 上搜索写作类课程,学习通知的相关知识,结合本单元的二维码资源,学习通知这一常用文体的基本写作要求,并写一个班级通知,题目自拟。

通知例文　　　　财经文书测试题

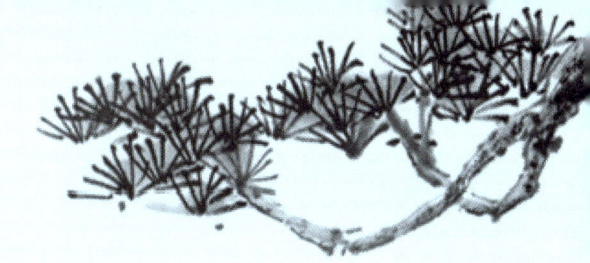

第六单元
传承文化

  我们所处的世界是一个包容了各种文化的世界。文化的范畴至大、至广、至深，它几乎囊括了全人类在社会历史发展过程中所创造的全部成果，那是世界各民族在物质生产和精神创造活动中所积累的文明总和。

  人创造了文化，文化也创造了人。我们与文化之间的关系，是千丝万缕的互动关系。中国传统文化贡献给世界的思想瑰宝，是大师们在人文领域的经天纬地之作，其文化精髓浓缩为文史哲等方面的经典，通过被阐释、交流、传播和普及，在平民的世俗生活和文化记忆中生了根，对后世子民的生命起到滋润和支撑的作用。身处当今时代，中国文化与世界多元文化交互影响，面对传承的需要和创新的机缘，我们应该拓宽文化视野，增加文化阅历，力求在感性和理性的结合中，感受文化的精彩、厚重和驳杂，学会鉴别和选择，更加理智地参与当代文化的建设。

  读一些好文章，有助于我们增强文化自信和自觉。郜元宝告诉我们，在所有传统的遗产中，最值得珍爱的，也许就是语言的艺术。刘毓庆的《怎样读诗经》聚焦中国文化史上无可替代的典籍《诗经》，不仅提出了其正人之行、动人之心的两种功能，而且帮助我们破除了阅读《诗经》时观念形态上的障碍。比起文学创作，沈从文的物质文化史研究不为多数普通读者所知，《扇子史话》带领我们从细枝末节处寻觅文化密码，资料翔实，行文严谨。总之，本单元的三篇文章，能在准确理解"传承文化"方面给我们诸多宝贵启示，值得我们悉心阅读。

语言中的传统[1]

郜元宝[2]

人类的一切无不表现于语言。哲学家维特根斯坦说,"想象一种语言,就是想象一种生活方式",也就是说,民族生活的所有信息都积淀在民族的语言中,超出语言之外,我们就无法想象任何一种生活。凡存在的,必自显于语言,至少也以隐蔽的,也即通常在比喻的意义上所说的"无言"的方式召唤我们。"无言"还是一种言,真正不能被语言所表达的,唯有虚空。不仅如此,当一种语言"死亡"了、"败坏"了——因为人们的误用、滥用,因为人们对于语言的无知、陌生、轻慢,一种语言失去了正常的表现力,这时候,语言的分量就变得很轻,它所承载的生活信息也就很稀薄。语言甚至会蜕变成对于生活世界的歪曲与遮蔽,它不再提供关于使用这种语言的人们的生活世界的任何真实,而只流于鲁迅先生所激烈抨击过的"瞒与骗"。正如德国诗人斯蒂芬·格奥尔格的诗《词语》所说,"语言破碎处,无物复存"。因此,热爱生活的人,必热爱语言;热爱传统的人,必热爱语言。

语言无所不在。中国古人虽然不相信语言的天赐神授,但他们对于语言同样有无限的敬畏,甚至传说当黄帝的史官仓颉造出字来时,"天雨粟,鬼夜哭",语言文字的魔力有如此之大,所以"敬惜字纸"成了儒家教导人们的一项最基本的规矩。

语言的力量如此巨大,它与人的关系如此密切,甚至一个失去自己的语言达几千年之久的民族,竟然也会在几乎一夜之间唤醒民族全体对于他们的失传已久的语言的神奇的记忆。语言和人的关系,就像云和天的关系,是如此牢固,只要人的生命得以延续,语言的生命就不会断绝,而只要语言的生命的种子还存活着,民族生命及其精神文化的传统就会一直延续下去。

都说语言是交流的工具,其实语言的意义绝不止于为人们提供单纯交

---

[1] 选自《午后两点的闲谈》(郜元宝著,云南人民出版社 2002 年版),有改动。原题为《历史积淀为传统》,现题目为节选时编者所加。

[2] 郜元宝(1966—),复旦大学中文系教授,著有《拯救大地》《在语言的地图上》《鲁迅六讲》等。

流的"工具",它还从根本上使得交流中的人们的存在成为可能——语言不仅使人们在空间中的存在成为可能,即不仅是一个社会得以凝聚的神秘的黏合剂,它还使人们在时间中的存在成为可能。只要有语言,人们就不会在时间的长河中迷失自己,因为当人们要在时间中确认自己的时候,最先给他凭借的,就是语言。语言是人走不出去的生存的极限,人无论如何也不会在自己的母语中迷失。人们在语言中如鱼得水,走进语言,就像走进了自己的家,一切是那么熟悉,那么亲切;而失去语言,也就如失去了家,一切顿时变得陌生、纷乱。在这个意义上,海德格尔说,"语言是存在的家"。

在所有传统的遗产中,人类最值得宝爱的,或许就是语言的艺术;而人类运用语言的艺术,绝不为文学家或诗人所专美。一个平凡的人,哪怕一字不识,也能够充分感受到语言的魅力,也能够将他的母语运用得炉火纯青——即使在浑然不觉的时候,在梦中,他也能用母语表达自己想要表达的一切。只要我们想象一下小孩子是怎样迅速地获得语言的,就不能不赞叹人类被赋予语言的能力,真的有如神助。

语言离不开文字,一般语言学将语言、文字分开,反复强调先有语言,后有文字,文字只是记录语言的符号,其实这是大可不必的。广义的语言,首先确实指人们口说的一整套有意义的声音系统,但同时也包括了和这套声音系统密不可分的书写系统,即文字。文字,从根本上来说也是语言,甚至是口说的语言的更高一层次的发展。鲁迅在《汉文学史纲要》第一篇"自文字至文章"中就说过,"然而言者,犹风波也,激荡既已①,余踪杳然②,独恃③口耳之传,殊不足以行远或垂后④……倘将记言行,存事功,则专凭言语,大惧遗忘",他把口说的语言(言语)的局限讲得一清二楚了。显然,单单口说的言语是不足以构成完整的语言的概念的。把文字排斥在语言的概念之外,或者位列语言之下,这大概要算是语言学的一个最大的偏见甚至误解了。思想文化传统得以演进,其先端赖语言,继之更有赖于文字。因为有了书写的文字,人文遂更趋于深邃繁茂,传统遂更易于日延日久。世界上每个民族,凡有文字,则其人文演进深,持存久;无文字,则其人文演进浅,也容易中断、消失。现在世界上还有许多有语言而无文字的民族,其传统事实上已经没有完整形式的存在了,久而久之,其语言也不得不放弃,而完全同化于其他有文字的优势语言与优势传统。

① 已:停止。
② 杳然:消失。
③ 恃:依赖,依靠。
④ 垂后:流传后世。

中国文字是中国传统最可引以自豪的内容，相传始于古人的"结绳而治"，具体如何，已杳不可知；其后则又"庖牺氏"①作"八卦"，"仰则观象于天，俯则观法于地，观鸟兽之文与地之宜，近取诸身，远取诸物"，从天地万物的形状与人对天地万物的意义的理解来创造文字，但也有人认为现存《周易》之中的"八卦"，与后来的文字尚有一段距离；将简单的笔画彼此区别开来又加以改造而成为文字的，最早是黄帝的史官仓颉。其说汗漫②，不可全信，或许诚如鲁迅所说，"文字成就，所当绵历岁时，且由众手，全体共喻，乃得流行，谁为作者，殊难确指，归功一圣，亦凭臆之说也"。

中国文字异于西方的拼音文字，其在标音之外，另具一定稳固的形状。古人造字，十九以"象形"为根底，而辅之以发声、会意。汉代大语言学家许慎著《说文解字》，总结汉字的造字原则有六，是为"六书"，曰"指事""象形""形声""会意""转注""假借"。语言学家关于"六书"的所指，颇多争议，要之不外乎"形""音""义"三种要素，所以鲁迅认为，"诵习一字，当识形音义三：口诵耳闻其音，目察其形，心通其义，三识并用，一字之功乃全"，相应的，汉字也具有"三美"："意美以感心，一也；音美以感耳，二也；形美以感目，三也"。事实证明，汉字在中国人创造和延续自己的传统时，发挥了不可估量的作用。今天，在经受了数字化时代科学技术的挑战之后，汉字的功能，越发为世人所承认，它的内部蕴藏的无穷奥秘及其旺盛的生命力，丝毫不亚于任何种类的拼音文字。

肯定汉字，当然并非贬低其他的文字。世界上曾经存在的言语、文字，无不根基于民族生活的传统，并在此传统中发育生长，各各有其不容抹杀的价值。反过来，传统也就深深扎根于言语、文字的如此奇妙的肥沃土壤，传统的生命，有赖于言语、文字（广义的语言）的生命。语言衰亡了，或者"转向"了，扎根于这种语言的传统必然也要跟着衰亡、"转向"，中国"五四"以后从文言到白话的"转向"所引发的中国传统文化的根本性转轨，充分说明了这一点。

说短——
与友人书

思考与练习

1. 本文论说"语言中的传统"时，是分为哪三个部分逐一展开的？
2. 你是否认同本文关于语言和文字关系的论述？对二者的关系，你还有哪些见解？
3. 本文引用了鲁迅在《汉文学史纲要》中的有关论说，对此你有哪些体会？

---

① 庖牺氏：又作"伏羲""宓羲"，相传为神农以前的古帝，授民织网、耕作、牧畜，还豢养祭祀用的牺牲，以充庖厨，故称"庖牺"。

② 汗漫：漫无标准，不着边际。

怎样读《诗经》[1]

刘毓庆[2]

在中国文献典籍中,对中国历史影响最为深远者,莫过于"五经"[3]。"五经"中影响最广、感人最深者,则莫过于《诗经》。故《诗序》说:"正得失,动天地,感鬼神,莫近于《诗》。""正得失",言其伦理道德功能;"动天地,感鬼神"指其情感功能。正人之行、动人之心的双重功能,确立了《诗经》在中国文化史上不可撼动的地位。然而我们今天阅读《诗经》,却感受不到这两种功能的存在,这原因便在于观念上的差距与价值取向上的变化。要想走近《诗经》,还须先破除观念形态上的障碍。

第一须破除的是 20 世纪对《诗经》性质的认定。几乎所有的中国文学史著作,以及语文教材、文学通俗读物,关于《诗经》都给出了这样的概念:《诗经》是中国最早的一部诗歌总集。这似乎已成为天经地义。这个结论被认作 20 世纪《诗经》研究的最大贡献。因为历代都把《诗经》当作"经"来对待,只有 20 世纪的文化革命运动,才所谓"恢复了《诗经》的文学真面目"。

这个观念最大的问题是,忽略了《诗经》对于建构中国文化乃至东方文化的意义。我们不否认《诗经》的本质是文学的,但同时必须清楚《诗经》的双重身份,她既是"诗",也是"经"。"诗"是她自身的素质,而"经"则是社会与历史赋予她的文化角色。在二千多年的中国历史乃至东方历史上,她的经学[4]意义要远大于她的文学意义。《毛诗序》[5]说:"先王以是经夫妇,成

---

[1] 选自《中华读书报》2015 年 5 月 20 日 08 版。

[2] 刘毓庆(1954—),山西大学文学院教授、国学研究院院长,著有《雅颂新考》《从经学到文学:明代诗经学史论》《图腾神话与中国传统人生》等。

[3] 五经:儒家五部经典的合称,即《诗经》《尚书》《礼记》《周易》和《春秋》。

[4] 经学:研究儒家经典,解释其字面意义,阐明其蕴含义理的学问。经学是中国古代学术的主体,保存了大量珍贵的史料,是儒家学说的核心组成部分。《四库全书》经部收录经学著作 1773 部、20427 卷。

[5] 毛诗序:《毛诗》是毛亨、毛苌辑注的《诗经》。汉代《诗经》学分为齐、鲁、韩、毛四家,仅《毛诗》流传于世,今本十三经中之《诗经》即为《毛诗》。现存《毛诗》于《关雎》题解后有一篇《诗经》的总序,叫作"大序",每篇都有一个题解,叫作"小序",其作者大部分已不可考。《毛诗序》对后人的影响非常大,古人用典时往往遵循其解释。

孝敬，厚人伦，美教化，移风俗。"孔颖达①《毛诗正义》说："夫诗者，论功颂德之歌，止僻防邪之训。"朱熹②《诗集传序》说："《诗》之为经，所以人事浃于下，天道备于上，而无一理之不具也。"其在中国文化史上之地位由此可见。同时她还影响到了古代东亚各国。如日本学者小山爱司著《诗经研究》，在书之每卷扉页赫然题曰"修身齐家之圣典""经世安民之圣训"等。朝鲜古代立《诗》学博士，以《诗》试士。它们都以中国经典为核心，建构着其自己的文化体系，由此而形成了东亚迥异于西方的伦理道德观念与文化思想体系。这是仅仅作为"文学"的《诗经》绝对办不到的。作为"文学"，她传递的是先民心灵的信息；而作为"经"，她则肩负着承传礼乐文化、构建精神家园的伟大使命。一部《诗经》，她承载着的不仅是几声喜怒哀乐的歌咏，更主要的是一个民族的文化精神与心灵世界；一部《诗经》学史，其价值并不在于其对古老的"抒怀诗集"的诠释，而在于她是中国主流文化精神与主流意识形态的演变史，是中国文学批评与文学理论的发展史。如果我们仅仅认其为"文学"而否定其经学的意义，那么，不仅无法理解《诗经》对于东亚文化建构的意义，而且无法解释东亚的文化与历史。

钱穆③先生说："《诗经》是中国一部伦理的歌咏集。中国古代人对于人生伦理的观念，自然而然地由他们最恳挚最和平的一种内部心情上歌咏出来了。我们要懂中国古代人对于世界、国家、社会、家庭种种方面的态度观点，最好的资料，无过于此《诗经》三百篇。在这里我们见到文学与伦理之凝合一致，不仅为将来中国全部文学史的渊泉④，即将来完成中国伦理教训最大系统的儒家思想，亦大体由此演生。"（《中国文化史导论》，商务印书馆1996年版第67页）钱先生对《诗经》的这一把握应该说是非常精确的。"文学与伦理之凝合一致"，更好地说明了《诗经》的双重价值。从"伦理"的角度言，《诗经》中所运载的观念形态，可以说是中国文化精魂之所在，其之所以有"正得失"的功能，有"止僻防邪"的社会功效，原因正在于此。如果抛弃了这个精魂，而只关注其"歌咏"，关注其所谓的"文学本质"，实无异于舍本逐

---

① 孔颖达：字冲远，唐朝经学家。孔颖达所疏或正义的经书包括《周易》《尚书》《诗经》《礼记》和《左传》等。

② 朱熹：字元晦，又称朱文公，南宋理学家，程朱理学的集大成者，学者尊称其为朱子。《诗集传》是朱熹研究《诗经》的作品，共20卷。

③ 钱穆：原名思鑅，字宾四，历史学家、儒学学者、教育家，撰有通史性论著《国史大纲》。

④ 渊泉：犹"源泉"。

末。因而要想正确认识《诗经》的价值,走近《诗经》,就必须纠正20世纪形成的这种偏见,从"文学与伦理之凝合"的角度,把握《诗经》的真精神。

其次须破除的是把《诗经》作为"古典文学知识"的观念。20世纪在文学研究领域出现了许多新观念,其中影响最深者有三。一是"唯物论",认为文学是一种客观存在,它有其自身的规律,文学研究就是要研究文学的运动规律,用规律来指导当下的创作。二是"进化论",认为文学是不断进化、发展的,中国文学史就是中国文学的发展历史。三是"遗产论",认为古代文学是古人留下的一笔值得继承的文化遗产,有了这笔遗产,可以使民族文学宝库更丰富,成为我们今天创作的知识资源。在这三种理论的观照下,《诗经》便变成了一种古典知识。这种"知识",她的意义重在认识上,即认识中国文学发生期的诗歌形态,认识赋比兴对后世诗歌艺术的影响,认识其在中国文学发展史上的位置,同时帮助理解和阅读古典文献等等。许多人阅读《诗经》是为了掌握知识,获取古代信息,《诗经》的精神意义在这种观念中丧失殆尽。显然这大大地影响了对《诗经》的正确、全面的接受。当然,我们并不是说这三种理论不好,而是说不能仅以此来认识《诗经》。在这种观念下,所发现的只能是《诗经》作为客观存在的意义,而难以把握其内在精神。要知道,文学中有知识,但文学不是知识,她是一种生命的存在形式,有思想,有情感,有灵魂。对于她,不能用对待知识的方法去分析她,把握她,更重要的是要用心灵去感悟她,去感知她作为精神存在的意义。

第三须破除的是"创新"观念。"创新"是我们这个时代的一个关键词,在许多方面确都需要创新。但对人文学科来说,更需要的是"务实",是"守正"。在"守正"的基础上"出新"是可以的,而不能刻意去"创新"。只有在原有基础上自然而然生出的"新",才是有生命力的。孔子说"述而不作","述"便是"守正","作"便是"创新"。"述"比"作"难,因为只有全面地把握前人的成果,才能准确地"述"出来;而"作"则可以不管别人怎么说,自己另搞一套。当下在人文学科中,"创新"意识过于强烈,好像"新"就是好的,"旧"便意味着没有意义。在这种意识支配下,有些人不从正路上去理解《诗经》,也无心去了解前人研究成果的合理性,而是锐意求奇、求深,近于"脑筋急转弯"的方法,于是观之则"新说"丛出,按之则无一能落到实处。这些人"创新"的目的,不是为了解决问题,而是为了出成果、写文章。一般读者则不能辨其是非,只是觉得新奇便好,奇便能刺激自己对知识的兴趣。这样自然很难把握《诗经》的精神本质,也不可能有耐心去领会《诗经》的真正意义。

总之,"诗歌总集"观念关注的是诗的艺术形式,"古典知识"观念关注的是《诗经》中的文化知识信息,"创新"观念关注的是自我表现,其目光投射皆是外在于《诗经》的东西,而忽略了诗歌的内在精神。只有清除了观念上的这些障碍,才有可能走近《诗经》。

就具体阅读方法而言,前人有不少值得我们继承、学习的成功经验。其中最重要的一个基本原则,就是孔子所提出的"思无邪"的读《诗》方法,即要从正面理解诗意,不能想歪了、想邪了。《诗经》是中华文明大厦的支柱之一,她与大厦的存在是联系在一起的,如果她歪了,那就意味着大厦倾颓。

其次是缩短与《诗经》的时间距离。也就是说,在观念中,不要把她当作古诗,要看作就是自己或身边人作的。即如朱熹所说:"读《诗》且只将做今人做底①诗看。""读《诗》正在于吟咏讽诵,观其委曲折旋之意,如吾自作此诗,自然足以感发善心。""千古人情不相违",纵然《诗经》是数千年前旧物,事态万殊,而人的情感反映则与今人无别。在略检注解、疏通大意的基础上,把她的意思品读出来,而后与自己及身边、眼前的人、事、物联系起来,其中的道理、情感自然会汩汩流出,使自己进入情景之中,去体会其心灵的脉动。在这种情景下,你可能会把外在的什么赋比兴之类,统统淡化,而感受的是她的精神力量。

其三是静心平读,反复涵泳②,不可有丝毫私意掺杂。朱熹说:"读《诗》之法,只是熟读涵泳,自然和气从胸中流出,其妙处不可得而言,不待安排措置,务自立说,只怎平读着,意思自足。须是打迭得这心光荡荡地,不立一个字,只管虚心读他,少间推来推去,自然推出那个道理。"朱熹曾批评人说:"今公读《诗》,只是将己意去包笼他,如做时文③相似,中间委曲周旋之意尽不曾理会得,济得甚事?"(上引皆见《朱子语类》卷八十)这就是说,不能把自己的意思强加在诗上,而要通过反复涵泳,让诗意自然流出,而与自己的情感、思想相融汇。王阳明④《传习录》中有训蒙的《教约》,他说:"凡歌《诗》,须要整容定气,清朗其声音,均审其节调,毋躁而急,毋荡而嚣,毋馁而慑。久则精神宣畅,心气和平矣。"(《王阳明全集》,上海古籍出版社1992年版第89页)这是让《诗经》的精神汇入自己血液的一种方法。

---

① 底:同"的"。

② 涵泳:古代文论术语,指文学艺术鉴赏的一种态度和方法,即鉴赏文学艺术作品应该沉潜其中,反复玩味和推敲,以获得其中之味。

③ 时文:时下流行的文体。

④ 王阳明:即王守仁,明代思想家、哲学家、书法家、军事家、教育家,是陆王心学之集大成者,因曾在贵阳修文阳明洞天居住,自号"阳明子",故被学者称为"阳明先生",其学说世称"阳明学"。《传习录》中对其"知行合一""慎独""致良知"等哲学思想有深入探讨。

为什么读经典

前人的这些宝贵经验,在今人看来可能已经不合时宜。原因是20世纪西方学术思想的输入,彻底改变了中国学术原初以"修己"为第一要义的治学方向,而以知识开掘为第一目的。于是《诗经》由原初的鲜活的精神生命,变成了凝固的古典知识,其正人之行、动人之心的双重功能,也随之丧失。同时学术界也出现了学术与人格分离、学术与人生分离的现象。这不能不引起我们的深思,也不能不引起我们对古典的阅读方法的重新呼唤。

思考与练习

1. 本文认为要想走近《诗经》,须破除观念形态上的哪三个障碍?具体谈谈如何破除这三个障碍。

2. 以《诗经》首篇《关雎》为例,分别体会《诗经》作为"诗"的"自身素质"与作为"经"的"文化角色"。

3. 以《诗经》为例,谈谈如何在学习中国传统文化的时候践行"修己",将诗意与自己的情感、思想相融汇。

* 扇 子 史 话①

沈从文②

扇子,在我国有非常古老的历史。出于招风取凉、驱赶虫蚊、掸拂灰尘、引火加热种种需要,人们发明了扇子。

从考古资料方面推测,扇子的应用至少不晚于新石器时代陶器出现之后,如古籍中提到过"舜作五明扇"。但有关图像和实物的发现却较晚。目前所见较早的扇子形象是东周、战国铜器上刻画的两件长柄大扇,以及江陵天星观楚墓出土的木柄羽扇残件。从使用方面看,由奴隶仆从执掌,为主人障风蔽日,象征权威的成分多于实际应用。

战国晚期到两汉,一种半规型③"便面"成为扇子的主流。其中以江陵马山楚墓出土、朱黑两色漆篾编成的最为精美。便面一律用细竹篾制成,上至帝王神仙,下及奴仆烤肉、灶户熬盐,无例外地都使用它。

魏晋南北朝时期,"麈尾④""麈尾扇""羽扇"及"比翼扇"相继出现。"羽扇"前期本由鸟类半翅制成,后来用八羽、十羽并列,且加了长木柄。"麈"是领队的大鹿,魏晋以来尚清谈,手执麈尾有"领袖群伦⑤"含义。"麈尾扇"传由梁简文帝萧纲创始,近于麈尾的简化,固定式样似在纨扇上加鹿尾毛两小撮。"比翼扇"又出于麈尾扇,上端改成鸟羽,为帝子天神、仙真玉女升天下凡翅膀的象征。

---

① 选自《野人献曝:沈从文的文物世界》(沈从文著,王风编,北京出版社2004年版)。

② 沈从文(1902—1988),原名沈岳焕,字崇文,现代文学家、小说家、散文家。他1948年宣布封笔,中止文学创作,转入历史文物研究,学术著作有《中国古代服饰研究》《龙凤艺术》等。

③ 半规型:半圆形。

④ 麈尾:又称拂尘,一种外形类似掸子的器具,手柄前端附有兽尾毛或羊毛线、丝绳、布缕、棉线、麻线、棕榈、尼龙等,日常生活中可作驱赶蚊蝇之用。在中国文化中,麈尾也可作宗教法器、代表王权地位的礼器或文人雅士清谈时的持器。

⑤ 领袖群伦:领导众多同类。

隋唐时"麈尾"虽定型,但使用范围缩小。"纨扇"起而代之,广为流行。"纨扇"亦即"团扇",主要以竹木为骨架,制成种种形状,并用薄质丝绸糊成,历来传说出于西汉成帝朝。南北朝时,纨扇扇面较大,唐代早期还多作腰圆形,近乎"麈尾"之转化。唐开元、天宝年以来才多"圆如满月"式样。纨扇深得闺阁喜爱,古代诗词中多有反映,如"团扇,团扇,美人病来遮面""银烛秋光冷画屏,轻罗小扇扑流萤""团扇复团扇,奉君清暑殿。秋风入庭树,从此不相见"。借团扇刻画出少女种种情态或愁思,可见扇子的功能已大为扩展。

宋元时期纨扇尽管还占主要地位,且更多样化,但同时也出现另一新品种"折叠扇",即折扇;一般认为是北宋初从日本、高丽传入的。南宋时生产已有相当规模。但扇面有画的传世实物连同图像反映、画录记载,两宋总计不到十件,元代更少。这种情况也许因当时多用山柿油涂于纸面做成"油纸扇",不宜绘画,只供一般市民使用;或与当时风习有关,虽也有素纸"折叠扇",但只充当执事①仆从手中物,还不曾为文人雅士所赏玩,因而尚未成为书画家染翰②挥毫的对象。元代山西永乐宫壁画,保留了大量元人生活情景,"折叠扇"仍只出现于小市民手中。

到了明代,折扇开始普遍流行,先起宫廷,后及社会。明永乐年间,成都所仿日本"倭扇",年产约两万把。早期扇骨较少,后来才用细骨。扇面有加金箔者,特别精美的由皇帝赏给嫔妃或亲信大臣,较次的按节令分赐其他臣僚。近年各地明代藩王墓中均有贴金折扇及洒金③折扇出土。浑金④扇面还有用针拨画山石人物的,极似倭扇格式。也有加画龙凤的,可能只限于帝后使用。至于骚人墨客等风雅之士,讲究扇面书画,使之更近于工艺品。当时的川蜀及苏州都是折扇的主要产地。折扇无疑已成为明代扇子的主流,影响到清代,前后约三个世纪之久。

歌舞百戏用扇子当道具,也是由来已久。唐宋"歌扇"已成为诗文中习用名词,杂剧艺人不分男女,腰间必插一扇;元杂剧中扇子已成为必不可少的道具,习惯上女角多用小画扇,大臣儒士帮闲⑤多用中型扇,武臣大面⑥

---

① 执事:执掌事务的人。
② 染翰:用毛笔蘸墨,指作诗文、绘画等。翰,笔。
③ 洒金:用金粉或金属粉制成金色涂料,用来装饰笺纸或调和在油漆中涂饰器物。一说指带斑点的图案。
④ 浑金:未经冶炼的金。
⑤ 帮闲:受人豢养的食客或被有钱人雇用以标榜风雅的文人。
⑥ 大面:也称大花脸,传统戏剧角色中的净角,多饰地位较高、举止庄重的人,注重唱工。

黑头①等则用白竹骨大扇,有长及二尺的。演员借助扇子表现角色的不同身份和心理状态,妙用无穷。剧目和文学作品中也有以扇为主题的,如"桃花扇""孙悟空三借芭蕉扇""晴雯撕扇"等,可见其影响之大。

折扇外骨的加工,明代已得到极大发展。象牙雕刻,螺钿镶嵌②,及用玳瑁③薄片粘贴,无所不有。但物极必反,不加雕饰的素骨竹片扇也曾流行一时,甚至一柄值几两银子。清代还特别重用洞庭君山出的湘妃竹④,斑点有许多不同名称,若作完整秀美"凤眼"形状,有值银数十两的。至于进贡折扇,通常四柄放一扇匣内,似以苏浙生产的占首位。

清代宫廷尚宫扇,包含各种不同式样。雍正四妃像中,即或执折扇,或执宫扇。宫扇一般式样多为上宽下略窄,扇柄多用羊脂玉、翡翠、象牙等珍贵材料加工而成,扇面还有用象牙劈成细丝编成网孔状的,这实在只是帝王的珍玩,已无任何实用意义。

至于农人,则一律是蒲葵扇。《雍正耕织图》中,他本人自扮的老农也不例外。高级官僚流行雕翎⑤扇,贵重的有值纹银⑥百两的,到辛亥革命后才随同封建王朝覆没而退出历史舞台。后来京剧名角余叔岩⑦、马连良⑧扮诸葛亮时手中挥摇的雕翎扇,大约从北京的前门外挂货铺花四五元就可买到。

---

① 黑头:原指扮包公者,以唱工为主,并勾黑脸,后泛称戏剧中扮演净角的大花脸。

② 螺钿镶嵌:一种在漆器或木器上镶嵌贝壳或螺蛳壳的装饰工艺,也用于金属和其他表面的装饰。

③ 玳瑁:一种有美丽而色彩斑斓的花纹的海龟甲壳,可作为首饰、雕塑等的原材料。

④ 湘妃竹:桂竹的变型,竹面布满褐色云纹紫斑,为著名观赏竹。传说帝舜南巡,死于苍梧,舜的二位妃子娥皇、女英泪下沾竹,自投湘江,此竹上形成了眼泪一样的斑点,亦称斑竹。

⑤ 雕翎:雕的羽毛。

⑥ 纹银:成色优良的银子在铸造中会出现细密的纹路,故常把足色的银锭称为"纹银"。

⑦ 余叔岩:原名余第祺,又名余叔言,京剧艺术家,工生行,师承谭鑫培。其京剧声腔艺术影响很大,世称余派。

⑧ 马连良:字温如,京剧艺术家,老生演员,拿手戏目有《借东风》《甘露寺》《清风亭》等。

 思考与练习

1. 本文将扇子的发展史分为几个阶段?每个阶段的扇子有什么特色?请列表说明。

2. 本文中的扇子貌似寻常之物,沈从文却将考古、绘画、历史、文学熔于一炉,自出机杼,新意频出。体会作者是怎样从历史的细枝末节处寻觅文化密码的,选一例加以说明。

3. 模仿本文的写法,选一种有文化内涵的"物",尝试"为物立传",从文献中追溯"物"的前生今世。

单元综合练习

一、语文知识问答

1. 汉字是我们的灵魂、命脉和根基。在中华民族的整合与凝聚方面,在维护中华民族的尊严与身份方面,在使中华文化源远流长、一以贯之而又充满机变以摆脱困境方面,汉字功莫大焉。《语言中的传统》是按照何种脉络展开论述的?试着梳理作者的行文逻辑。

2. 中国经典中,最重要者乃先秦典籍,然倘不能打通"文字障",亦难领会其妙处。进入经典的世界是需要有人引路的,《怎样读〈诗经〉》就是这样一篇适宜的入门文章。反复阅读此文,总结经典阅读的规律和方法。

3. "文化"的定义多种多样,广义的文化包括文字、语言、建筑、饮食、工具、技能、技术、知识、习俗、艺术等。文化的物质形态即物质文化,艺术史学、考古学、人类学等学科都会研究物质文化。沈从文曾说:"这个工作(历史文物研究)若做得基础好一点,会使中国文化研究有一个崭新的开端,对世界文化的研究也会有一定的贡献。"细读《扇子史话》,体会文化的物质载体之意义。

二、语文实践活动

1. 活动内容

(1) 熟悉所在城市的各级博物馆,至少参观其中一家。

(2) 了解参观博物馆的基本方法,善于通过博物馆的馆藏学习中华文化。

2. 活动方式

(1) 登录国家文物局网站,在"公共信息服务"一栏中浏览中国世界文化遗产名录,全国重点文物保护单位名录,国家历史文化名城、名村、街区名录等,列出自己所在城市的博物馆清单。参观至少一家博物馆,以"跟我一起逛博物馆"为主题举办分享会,介绍你最喜爱的博物馆。

(2) 寻找你喜欢的文物,举办线下或线上摄影展览,注明文物的详细信息。

3. 活动小结

(1) 汇总同学们介绍的博物馆信息,整理成本地博物馆指南。

(2) 汇总同学们收集的文物信息,进行集中展示。

三、应用写作实训

请在"中国大学 MOOC"App 上搜索写作类课程,学习合同的相关知识,结合本单元的二维码资源,学习合同这一常用文体的基本写作要求,并试写一份合同。

合同视频

合同例文

第七单元
走近大师

　　在一般人的眼里,大师是技艺高强、超凡脱俗、顶尖卓越、高不可攀的杰出人物。其实,大师和一般人原本并没有本质性的差别,但随着时间的磨砺,日后被称为"大师"的人以自身的勤奋与刻苦,铸就了魅力四射的学问人生、道德人生、理想人生,逐渐拉大了和一般人的距离,慢慢地征服了众人、征服了世界,变成了人类的文化标杆和精神丰碑。

　　大师是甘于寂寞、殚精竭虑的思想权威,是傲雪凌霜、坚韧不拔的时代典范,是远离炒作、凤毛麟角的泰山北斗。他们忠实于知识与真理,不断散发出人文情怀、社会良知的辉光。

　　屈原、贾谊、李白、杜甫、苏轼、罗丹、但丁……这些掷地作响的名字让我们被深深地吸引住,乐此不疲地流连于几百年、几千年间的精神时空,甚至穿越漫长岁月,在默契和诚挚中寻找着其中蕴藏的高贵人格、文化美感和悠长诗意,那份严肃、认真和温暖,足以消除我们思想的贫瘠。

杜甫和我们的时代[①]

冯 至[②]

杜甫的死年[③]距离我们现在已经有一千一百七十五年。在这长久的时间内,中国经过许多变化,我们眼前的世界自然不是杜甫所看过的世界了,但是杜甫这个名字对于我们一天比一天更为亲切起来。尤其是近几年,杂志上常常见到关于杜甫的文章,书局里有关于杜甫的书籍出版,学术界也常有关于杜甫的讲演,使人感到,拨开那些诗话[④]与笔记[⑤]之类在他周围散布的云雾,而露出他的本来面貌与真精神的时日好像快要到了。

一个过去的诗人在百年后,甚至千年后,又重新被人认识,又能发生作用,在文学史上是数见不鲜的事,人们把这现象称作"某某的再生"。所谓再生,按照情形的不同,有的由于"同",有的由于"异";前者是一个时代的精神在过去某某诗人的身上发现同点,起了共鸣,后者是一个时代正缺乏某某诗人的精神,需要他来补充。以近三十年而论,在民国十年[⑥]左右,青年人的情感经过"五四"运动得到解放,但是无论在政治上或社会上以及两性的关系上都不易寻得出路,于是陷入感伤的或彷徨的状态,所以后主词,《漱玉词》,甚至《饮水词》和《两当轩集》都成为当时一般青年心爱的读物。这是由于"同"。至于同时兴起的对于屈原的不断的研究与推崇,可以说是由于"异",因为《楚辞》里那样丰富的想象,强力的表现,浓挚的深情,正是当时所缺乏的。再以介绍西洋文学而论,在为自由而战斗的高潮中,谁不会神

[①] 选自《长风破浪会有时》(咸立强、黄红丽主编,广东高等教育出版社2019年版)。

[②] 冯至(1905—1993),原名冯承植,字君培,诗人、学者,代表作有诗集《昨日之歌》《十四行集》、小说《伍子胥》、散文集《山水》、学术著作《杜甫传》、译著《给一个青年诗人的十封信》《海涅诗选》等。

[③] 杜甫的死年:杜甫生于712年,770年去世。冯至此文写于1945年。

[④] 诗话:我国古代关于诗文的文学批评。

[⑤] 笔记:一种写作体裁,类似随笔或杂记,起源于唐代,在宋代最繁荣。中国古代典籍中笔记体著作众多。

[⑥] 民国十年:1921年。

往于拜伦①的英姿呢,等到情感泛滥得不可收拾时,歌德②也有人感到需要了。——这"同"与"异"的两个因素,我们不愿意估计它们价值的高下,但如果我们给它们下一个比喻,那应由于"同"者,有若寻友,由于"异"者,有若求师。寻到了朋友,可以哀乐共享;可是得到了良师,就不是那样简单了,自己还要经过长期的努力,才能有所获得。

现在我们虚心和杜甫接近,因为无论由于同,或是由于异,我们两方面都需要他。在"同"的方面,我们早已片断地认识杜甫了;当国内频年苦于军阀的内战,非战思想最普遍时,《兵车行》一类的诗成为学校中流行的读物;在社会主义思想介绍到中国的初期,"朱门酒肉臭,路有冻死骨"的名句则一再被人引用,引用者甚至有的不知道这两句诗的出处。可是抗战以来,无人不直接或间接地尝到日本侵略者给中国人带来的痛苦,这时再打开杜诗来读,因为亲身的体验,自然更能深一层地认识。杜诗里的字字都是真实:写征役之苦,"三吏""三别"是最被人称道的;写赋敛之繁,《枯棕》《客从南溟来》诸诗最为沉痛;"生还今日事,间道暂时人",是流亡者的心境;"安得广厦千万间",谁读到这里不感到杜甫的博大呢;由于贫富过分的悬殊而产生的不平在"无贵贱不悲,无富贫亦足"这两句里写得多么有力;"丧乱死多门",是一个缺乏组织力的民族在战时所遭逢的必然的命运。这还不够,命运还使杜甫有一次陷入贼中,因此而产生了《悲陈陶》《悲青坂》《春望》诸诗,这正是沦陷区里人民的血泪,同时他又替我们想象出,一旦胜利了,那些被敌人摧残过的人民必定快乐得"家家卖钗钏,只待献香醪"。(可惜我们现在很使那些只待献香醪的人们失望!)

我们读这些名诗与名句,觉得杜甫不只是唐代人民的喉舌,并且好像也是我们现代人民的喉舌。同时我们却也惊心地看到,中国的文化在这一千多年内实在陷入一种停滞的状态,这中间尽管有过两宋的理学③、清初的汉学④、晚明(那个黑暗时代)的所谓性灵文学⑤,而这些与一般的人民是不相

---

① 拜伦:英国诗人、革命家,浪漫主义文学泰斗,著名作品有《唐璜》《恰尔德·哈罗尔德游记》等。
② 歌德:德国戏剧家、诗人、自然科学家、文艺理论家和政治人物。
③ 理学:宋朝以后由程颢、程颐、朱熹等人发展出来的儒家流派,在中国古代又称"义理之学"或"道学",后成为国家的官方思想。
④ 汉学:明末清初依汉世儒林家法之说研究经学名物制度、小学训诂的考证学。
⑤ 性灵文学:中国古代诗论的一种诗歌创作和评论的主张,以清代袁枚倡导最力,是对明代以公安派为代表的"独抒性灵,不拘格套"诗歌理论的继承和发展。

干的,一遇变乱,人民所蒙受的痛苦与杜甫的时代并没有多少不同。由于这些"同",我们需要杜甫,有如需要一个朋友替我们陈述痛苦一般。但是如果我们不止于此,再往下想一想,为什么与杜甫同时而又与杜甫同享盛名的李白与王维就不能这样替我们说话,他们不是同样经过天宝之乱吗?这样一问,杜甫就不只限于是我们的朋友了,他对于我们已经取得了师的地位。在这一点上,也许我们更需要他。

  杜甫在秦州①,囊空如洗,只"留得一钱看"时,写过这样两句:"世人共卤莽,吾道属艰难。"诚然,在当时,无知恶少都可以"谈笑觅封侯","乡里小儿狐白裘"更不是难事,杜甫舍此不求,而自趋于"艰难",这是他认定的道路。另一方面,他"非无江海志,萧洒送日月",他在他的诗里也屡屡提到"庞德公"②,对于隐逸生活不但称赞,有时还羡慕,但是他不能这样生活。他四十四岁时"穷年忧黎元,叹息肠内热",到五十五岁经过十多年流离的痛苦,仍然是"不眠忧战伐,无力正乾坤",他之所以这样,正因为"葵藿倾太阳,物性固难夺",这是他的性格。他坚持他的性格,坚持他的道路,在他深深地意识到"吾道竟何之""处处是穷途"时,则宁愿自甘贱役③,宁愿把自己看成零,看成无——但是从这个零、这个无里边在二十年的时间内创造出惊人的伟大。这样的生活态度,在中国的诗人中是少有的,怕只有屈原能与之相比。这里边没有超然,没有洒脱,只有执著:执著于自然,执著于人生。中国的自然诗很多,但是有谁写过像杜甫从秦州经同谷④到成都一路上那样的纪行诗,使人"始知五岳外,别有他山尊"的呢?这是一段艰险的路程,这些诗不仅是用眼看出来的,也不是用心神会出来的,而是用他饥饿的身躯一步一步走出来的。在中国诗人中更有谁把一个时代整个的图像融汇在像杜甫在天宝之乱前后与夔州⑤以后所写的那样的长篇巨制里的呢?只有做人执著,作诗也执著——"语不惊人死不休"——的人才会有如此惊人的成绩。

  杜甫不但毫无躲避地承受这些"艰难",他还专心一意地寻找"艰难"。"或看翡翠兰苕⑥上,未掣鲸鱼碧海中",掣鲸鱼于碧海,是艰难的工作,他却

---

  ① 秦州:古代州名,唐朝时属陇右道。
  ② 庞德公:东汉末年名士。他拒绝刘表的出仕邀请,在鹿门山隐居,采药而终。
  ③ 贱役:卑贱的职事。
  ④ 同谷:唐朝时设置的郡。
  ⑤ 夔州:唐朝时设置的州。杜甫于765年至767年滞留夔州。
  ⑥ 兰苕:兰花。

执着地要这样做。因此动物界里的马与鹰，自然界里的大江与落日，在他的诗里都得到适当的地位；人间的悲壮感与崇高感在他的诗里也得到充实的表现。另一方面，他并不缺乏翡翠兰苕的优美感，他写过"细雨鱼儿出，微风燕子斜"，他写过"鹅儿黄似酒，对酒爱鹅儿"，但这只是他暂时的休息，正如他走入某寺院，游某山庄，精神上感到一时的舒快一般，走出来他面前仍然是艰难的现实。这类的诗，以他在长安任左拾遗①与初至成都时写得最多（这两个短期也诚然是他生命里两段暂时的休息）——就是这一部分诗也足足抵得住一个整个的王维！

杜甫由于这种执着的精神才能那样有力地写出他所经历过的山川，那样广泛地描绘出他时代的图像，使我们读了他的诗，觉得他比他同时代的任何一个诗人都亲切。我们所处的时代也许比杜甫的时代更艰难，对待艰难，敷衍蒙混固然没有用，超然与洒脱也是一样没有用，只有执着的精神才能克服它。这种精神，正是我们目前迫切需要的。

杜甫

思考与练习

1. 查阅文中提到的后主词、《漱玉词》《饮水词》和《两当轩集》各自的作者和特色。为什么它们"成为当时一般青年心爱的读物"？

2. 就我们现在所处的时代而言，杜甫的再生是由于"同"，还是由于"异"，抑或二者兼而有之？简要说明你的理由。

3. 整理本文提到的杜甫作品，找到全诗，逐一阅读。

---

① 左拾遗：拾遗，唐代言官，负责规谏朝政缺失。左拾遗属门下省，右拾遗属中书省。唐朝诗人陈子昂、杜甫均曾担任拾遗的官职，后人称之为陈拾遗、杜拾遗。

从罗丹得到的启示①

[奥]斯蒂芬·茨威格②

我那时大约二十五岁,在巴黎研究与写作。许多人都已称赞我发表的文章,有些我自己也喜欢。但是,我心里深深感到我还能写得更好,虽然我不能断定那症结的所在。

于是,一个伟大的人给了我一个伟大的启示。那件仿佛微乎其微的事,竟成为我一生的关键。

有一晚,在比利时名作家魏尔哈仑家里,一位年长的画家慨叹着雕塑美术的衰落。我年轻而好饶舌,热炽地反对他的意见。"就在这城里,"我说,"不是住着一个与米开朗琪罗媲美的雕刻家吗?罗丹的《沉思者》《巴尔扎克》,不是同他用以雕塑它们的大理石一样永垂不朽吗?"

当我倾吐完了的时候,魏尔哈仑高兴地拍拍我的背。"我明天要去看罗丹,"他说,"来,一块儿去吧。凡像你这样赞美他的人都该去见见他。"

我充满了喜悦,但第二天魏尔哈仑把我带到雕刻家那里的时候,我一句话也说不出。在老朋友畅谈之际,我觉得我似乎是一个多余的不速之客。

但是,最伟大的人是最亲切的。我们告别时,罗丹转向我。"我想你也许愿意看看我的雕刻,"他说,"我恐怕这里简直什么也没有。可是礼拜天,你到麦东来同我一块吃饭吧。"

在罗丹朴素的别墅里,我们在一张小桌前坐下吃便饭。不久,他温和的眼睛里发出的激励的凝视,他本身的淳朴,宽释了我的不安。

在他的工作室,有着大窗户的简朴的屋子,有完成的雕像,许许多多小

---

① 选自《世界经典散文集》(吕晓飞著,北京燕山出版社 2008 年版)。
② 斯蒂芬·茨威格(Stefan Zweig,1881—1942),奥地利小说家、传记作家,擅长细致的性格刻画,以及对奇特命运下个人遭遇和心灵的描摹,代表作品有小说《一个陌生女人的来信》《象棋的故事》《伟大的悲剧》等。

塑样——一只胳膊，一只手，有的只是一只手指或者指节；他已动工而搁下的雕像，堆着草图的桌子，一生不断地追求与劳作的地方。

罗丹罩上了粗布工作衫，因而好像就变成了一个工人，他在一个台架前停着。

"这是我的近作。"他说，把湿布揭开，现出一座女正身像，以黏土美好地塑成的。"这已完工了。"我想。

他退后一步，仔细看着，这身材魁梧、阔肩、白髯的老人。

但是在审视片刻之后，他低语着："就在这肩上线条还是太粗，对不起……"

他拿起刮刀、木刀片轻轻滑过软和的黏土，给肌肉一种更柔美的光泽。他健壮的手动起来了；他的眼睛闪耀着。"还有那里……还有那里……"他又修改了一下。他走回去。他把台架转过来，含糊地吐着奇异的喉音。时而，他的眼睛高兴得发亮；时而，他的双眉苦恼地蹙着。他捏好小块的黏土，粘在像身上，刮开一些。

这样过了半点钟，一点钟……他没有再向我说过一句话。他忘掉了一切，除了他要创造的更崇高的形体的意象。他专注于他的工作，犹如在创世之太初①的上帝。

最后，带着舒叹，他扔下刮刀，宛如一个男子把披肩披到他情人肩上那种温存关怀般地用湿布蒙住女正身像。于是，他又转身要走，那身材魁梧的老人。

在他快走到门口之前，他看见了我。他凝视着，就在那时他才记起，他显然对他的失礼而惊惶。"对不起，先生，我完全把你忘记了，可是你知道……"我握着他的手，感激地紧握着。也许他已领悟我所感受到的，因为在我们走出屋子时他微笑了，用手扶着我的肩头。

在麦东的那天下午，我学到的比在学校所有的时间学到的都多。从此，我知道凡人类的工作必须怎样做，假如那是好而又值得的。

再没有什么像亲见一个人全然忘记时间、地方与世界那样使我感动。那时，我参悟到一切艺术与伟业的奥妙——专心，完成或大或小的事的全力集中，把易于弛散②的意志贯注在一件事情上的本领。

于是，我察觉我至今在我自己的工作上所缺少的是什么——那能使人除了追求完整的意志而外把一切都忘掉的热忱，一个人一定要能够把他自己完全沉浸在他的工作里。没有——我现在才知道——别的秘诀。

我的师承

---

① 太初：比混沌更原始的宇宙状态。
② 弛散：松懈，松弛。

思考与练习

1. 本文表现了作者对艺术大师的追慕,朴素而深刻地表现了"走近大师"不仅在于近距离接触,还要善于观察和感悟。本文是从哪些角度刻画罗丹的? 为什么作者认为从罗丹那里得到的启示是自己"一生的关键"?

2. 本文叙述了作者与罗丹的两次交往,分别采用了简笔和繁笔的手法来写,这是为什么? 只写后一次是不是笔墨更简洁,可以更突出罗丹的品质?

3. 结合作者拜访罗丹的心路历程,谈谈你的阅读感受。

*1957 年 12 月 10 日的演说①

[法]阿尔贝·加缪②

我怀着深深的感激之情接受你们的自由的科学院给予我的荣誉③,尤其是我知道这一奖赏大大地超出了我个人的功绩。所有的人,特别是艺术家,都希望被承认。我也是如此。然而,在获悉你们的决定的时候,我不能不将其影响和实际的我做一比较。一个差不多还算得上年轻的人,拥有的只是怀疑和尚待完成的事业,习惯于生活在工作的孤独或友情的荫庇之中,在获悉一种突然间使他于一片刺眼的光明之中茕茕孑立、形影相吊之际,怎能不处于某种惊慌失措的境地?在欧洲,一些最伟大的作家被迫沉默,他的故土④正经受着一种无休止的苦难,此时此刻,他能以什么样的心情接受这种荣誉?

这种不安和这种内心的慌乱,我是有的。为了重新得到安宁,说到底我得和一种过于慷慨的命运来一次清算。既然我只能依靠我个人的功绩来和它相称,那么,我找到的能够帮助我的东西,只是在我一生中各种最矛盾的环境中支持着我的那种东西,即我对我的艺术和作家的作用所持有的看法。我只要求允许我怀着感激和友好的感情尽可能简单地向你们说一说这看法是什么。

就我个人来说,我没有我的艺术就不能生活。但是,我从未将这种艺术置于一切之上。相反,如果说它对我是不可或缺的,那是因为它并不与任何

---

① 选自《加缪文集》(新编插图本)(第 3 卷)([法]A.加缪著,李玉民主编,海天出版社 2017 年版)。

② 阿尔贝·加缪(Albert Camus, 1913—1960),法国小说家、哲学家、戏剧家、评论家,因写作《局外人》而成名,小说《鼠疫》更是受到一致好评,主要作品还有随笔《西西弗斯神话》、剧本《卡里古拉》等。

③ 自由的科学院给予我的荣誉:指诺贝尔文学奖,是瑞典学院颁发的诺贝尔奖之一,以表彰"在文学领域创作出具理想倾向之最佳作品者"。该奖每年于 12 月 10 日,即阿尔弗雷德·诺贝尔逝世的周年纪念日,以隆重的仪式在斯德哥尔摩颁发。加缪于 1957 年获得诺贝尔文学奖。

④ 故土:指阿尔及利亚。

人相脱离,它允许我以我本来的面目和大家一样地生活。在我看来,艺术并不是一种独自的享乐。它是通过给予最大多数人以关于共同的苦乐的特殊的形象来使之受到感动的一种方式。因此,它迫使艺术家不离群索居,它使他听命于最谦卑、最普遍的真理。一个人常常因为感到自己与众不同才选择了艺术家的命运,但他很快就明白,他只有承认他与众人相像,才能给予他的艺术、他的不同之处以营养。正是在他与别人之间的不断的往返之中,在通往他不可或缺的美和他不能脱离的集体的途中,艺术家成熟起来了。这就是为什么,真正的艺术家什么都不蔑视,他们迫使自己去理解,而不是去评判。如果他们在这世界上有什么事业要支持的话,那只能是一种社会的事业,根据尼采的豪言壮语,统治这个社会的不再是法官,而是创造者,不管他是体力劳动者还是知识分子。

这样,作家的作用就与某些困难的责任难解难分了。从定义来说,他今天不能为创造历史的那些人服务,因为他为之服务的是那些承受历史的人;不然的话,他就要孤立,失去他的艺术了。暴政的数百万军队也不能把他从孤独中拉出来,尤其是当他同意跟着他们亦步亦趋的时候。然而,世界另一端的一个无名的、饱受屈辱的囚徒的沉默却足以使作家从流亡中走出来,只要他在自由的特权中能够不忘记这种沉默,能够通过艺术的方式使之引起我们谁都没有伟大到足以完成这样的使命的程度。但是,作家在其一生的各种情势中,默默无闻或名噪一时,身处暴政的镣铐之中或暂时获得了言论的自由,却可以找到一种为他辩白的活生生的团体的感情,唯一的条件是他尽可能地接受造成他的伟大的职业的两种责任:为真理服务和为自由服务。既然他的使命是团结尽可能多的人,那么这种使命就不能将就谎言和奴役,而谎言和奴役在其占统治地位的任何地方都使孤独迅速地扩散。无论我们个人的缺陷如何,我们职业的高尚将永远扎根在两种难于履行的承诺之中:拒绝对众所周知的事情撒谎和抵抗压迫。

在一种荒唐历史的二十多年中,我像所有的同龄人一样,孤零零地迷失在时代的动乱之中,支持我的是一种模模糊糊的感觉,即写作在今天是一种光荣,因为这一行动承担着义务,不仅仅是写作而已。它特别迫使我按照我的本来面目并根据我的力量来和经历着同一历史的人们承受我们共有的痛苦和希望。这些人生于第一次世界大战之初,在希特勒政权建立和最初的革命审判发生时是二十岁,随即面临西班牙战争、第二次世界大战、集中营的天下,以及酷刑和监狱的欧洲,并以此完成了他们的教育。今天,他们得在一个受到核毁灭的世界中教育他们的儿子和从事他们的事业。我想,谁也不能要求他们乐观。我甚至认为我们应当理解(有时也不断地与之进行斗争)那些人的错误,他们因日益加重的绝望而要求自轻自贱的权利,一窝蜂地奔向时代的虚无主义。然而,在我的祖国,在欧洲,我们中的大部分人拒绝了这种虚无主义,并着手寻求一种正当性。他们得造就一种在灾难性时代生活的艺术,以便获得再生,然后公开地对正在我们的历史中起作用的死亡本能进行斗争。

每一代人都以改造世界为己任,不过我这一代人知道他们改造不了世界,但他们的任务也许更伟大。这任务是阻止世界分崩离析。这一代人继承了一段腐败的历史,其中堕落的革命、疯狂的技术、死去的神祇①和筋疲力尽的意识形态都搅作一团。平庸的政权今天可以毁灭一切,却不再知道如何服人,智力卑躬屈节到为仇恨和压迫当婢妾的程度,因此,这一代人不得不在其自身及周围从自我否定开始来恢复些许造就生与死之尊严的东西。面对着一个有着解体危险的、我们的伟大的审判者可能永久地建立起死亡之国的世界,这一代人知道它应该在一场疯狂的计时奔跑中恢复民族之间的并非奴役的、和平的和平,重新使劳动和文化协调一致,以及与所有的人一起重造圣约柜②。不能肯定他们一定能完成这一巨大的任务,但可以肯定的是,他们在世界各地都接受有关真理和自由的双重打赌,并且到时候知道为此而不怀仇恨地死去。他们在所到之处都有资格受到欢呼和鼓励,尤其是在他们牺牲自己的地方。无论如何,我愿意把你们刚刚给予我的荣誉转赠于他们,我确信你们内心深处是同意的。

在说完写作这一职业的高尚之后,我同时就要把作家放回到他的真正位置上去,他只有与战友共享的名义,他脆弱但也固执,他不公正却又醉心于正义,他在众目睽睽下既无羞愧又无骄傲地构筑他的作品,永远处在痛苦和美的分割之中,并且一心一意要从他的双重存在中提取他固执地试图在历史的破坏运动中建立起来的作品。如此说来,谁能够指望从他那里得到现成的解决办法和好听的道德教训? 真理是神秘的、不可捉摸的,总是需要争取的。自由是危险的,既难以承受又激动人心。我们应当艰难然而坚决地朝着这两大目标前进,事先就确信我们会昏倒在一条如此漫长的道路上。此后还有哪一位作家敢于充当美德的宣扬者而心安理得? 至于我,我得再次申明我与这些东西毫无干系。我从来也不能放弃光明、生之幸福和我于其中成长的自由的生活。然而,尽管这种怀念解释了许多我的错误和过失,

---

① 神祇:天神和地神,泛指神明。
② 圣约柜:即契约之柜,简称契约柜或约柜,是古代以色列民族的圣物,象征救赎。

它无疑帮助了我理解我的职业,它还在帮助我站在那些沉默的人的身旁,他们在这世界上只是由于回忆或者重获短暂而自由的幸福才忍受了强加给他们的生活。

我这样地回到实际的我,回到我的局限,回到我的债务,回到我的困难的信仰,我才感到更自由地向你们展示你们刚刚给予我的荣誉的广度和慷慨,也更自由地向你们说我愿意把它作为向所有那些人表示的敬意来接受,他们分担了同样的战斗,却并没有得到任何特权,反而遭受了不幸和折磨。最后,我从内心深处感谢你们,并且公开地做出那个古老的忠诚的许诺,以此表示我个人的感激之情,而这个许诺,每个真正的艺术家是每天都在无言中向自己做出的。

思考与练习

1. 作者在本文中是怎样表述作家的作用的?

2. 阅读加缪的《鼠疫》。结合作品,你认为加缪在小说创作中是否践行了本文的精神与理念?请具体谈谈你的看法。

3. 你熟知的作家中,哪些发挥了加缪所说的"作家的作用"?试举例说明。

一、语文知识问答

1. 在感受"走近大师"、向大师学习的意义时,你对"走近"的内涵是如何理解的?

2. 2020年4月,英国广播公司推出单集58分钟的纪录片《杜甫:中国最伟大的诗人》,在全世界引起关注。杜甫第一次被以纪录片的方式详细地介绍给西方世界。英国广播公司最受欢迎的主持人之一、历史学家迈克尔·伍德到访中国,寻觅杜甫生前的足迹;英国国宝级演员、《指环王》中甘道夫的扮演者伊恩·麦克莱恩用英文朗诵了《壮游》《观公孙大娘弟子舞剑器行》等15首杜诗译作。结合冯至的《杜甫和我们的时代》,谈谈你如何理解杜甫在中国文化史上的重要意义。

3. 加缪在1957年获得诺贝尔文学奖后的获奖感言是一篇被延迟了半个多世纪才发表的文章。2010年是加缪逝世五十周年,法国政府为了纪念这位文坛杰出人物,不仅将2010年命名为"加缪年",而且在法国文化界最负盛名的《读书》杂志的加缪专刊上第一次全文刊出了这篇演讲词。结合加缪的作品《鼠疫》,谈谈你如何理解这篇演讲词的核心精神。

二、语文实践活动

1. 活动内容

(1) 谈谈你熟悉的中国古代作家,通过阅读加深对他们的了解。

(2) 了解诺贝尔文学奖得主的获奖演说情况,阅读其演讲词。

2. 活动方式

(1) 找到中国文学史上你认为堪称大师之人的相关纪录片并观看。

(2) 以"我心目中最××的大师"为题举办主题分享会,介绍你喜爱的大师,重点阐述喜爱的原因。

(3) 阅读诺贝尔文学奖获得者的演讲词,找到一篇你最喜欢的,写一则300字的小文,将这篇演讲词推荐给同学们。

3. 活动小结

(1) 汇总同学们介绍的纪录片,为每部纪录片写一个100字的简介或荐语。

(2) 汇总同学们收集的演讲词,为每篇演讲词写一个100字的简介或荐语。

三、应用写作实训

请在"中国大学 MOOC"App 上搜索写作类课程,学习起诉状的相关知识,结合本单元的二维码资源,学习起诉状这一常用法律文书的基本写作要求,并试写一篇起诉状。

起诉状例文

法律文书测试题

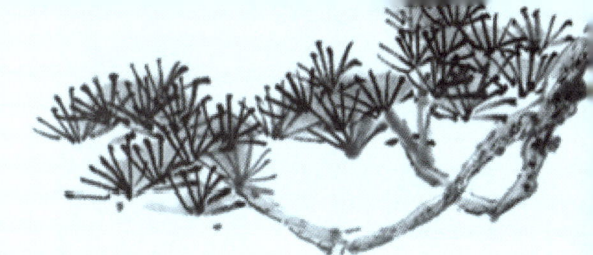

第八单元
步入职场

　　完成学业后，我们将步入职场。向往着成为职场新人的我们，是否已经做好了充分的就业准备？譬如，在职业理想的确立、职业素质的养成、职业能力的练就、职业心态的调整等方面，我们是否都为踏上职业岗位、实现职业愿景做好了扎实的铺垫？

　　本教材特设"步入职场"单元，选编了三篇文章，为你日后就业提供参考和指南。

　　马克思的中学毕业论文即以"青年在选择职业时的考虑"为题，阐述了他的择业理想和标准，可谓志存高远，意气风发，思虑深沉。

　　写作恐惧症困扰着很多人，大抵是因为没得写、不会写、不想写，这三点分别涉及想法与积累、写作策略和写作心理。《日拱一卒，不期速成》不仅告诉我们写作没有秘诀，技艺的精进依赖于大量的练习，而且提供了详尽的资料收集方法，是我们切实可行的行动指南。

　　《网络用语中的草根百态》选自国家语言文字工作委员会组织编写的"语言生活皮书"系列之《中国语言生活状况报告(2021)》。文化是民族的根脉与魂魄，而文化的传承创新和语言的关系十分密切。关注、反思我们的语文生活不仅是政府部门和语言学家的事，也是每个年轻人不可或缺的基本素养。始终保持对语言的敏感，才能使语文真正成为助推自己事业起飞的燃料。

　　仔细阅读这三篇文章，认真思考，必有收获。我们可以从更高的站位重新思考写作和语文、语文和职业、职业和生活的关系，相信通过努力，我们未来在职业之路上一定会越走越稳健、越走越开阔。

青年在选择职业时的考虑[1]

[德]马克思[2]

自然本身给动物规定了它应该遵循的活动范围,动物也就安分地在这个范围内活动,不试图越出这个范围,甚至不考虑有其他什么范围的存在。神也给人指定了共同的目标——使人类和他自己趋于高尚,但是,神要人自己去寻找可以达到这个目标的手段;神让人在社会上选择一个最适合于他、最能使他和社会都得到提高的地位。

能有这样的选择是人比其他生物远为优越的地方,但是这同时也是可能毁灭人的一生、破坏他的一切计划并使他陷于不幸的行为。因此,认真地

---

[1] 选自《马克思主义经典著作选读》(贾玉英主编,西南交通大学出版社2018年版)。这是马克思就读于特里尔中学时的毕业论文,写于1835年8月12日。阅卷老师评论道:"思想丰富,精彩有力,值得赞许。"校长威登巴赫读后也赞扬:"此文以思想丰富和结构严谨而引人注目。"

[2] 马克思(Karl Heinrich Marx, 1818—1883),马克思主义的创始人之一,第一国际的组织者和领导者,全世界无产阶级和劳动人民的革命导师,国际共产主义运动的开创者。其主要著作有《资本论》《共产党宣言》等。

考虑这种选择——这无疑是开始走上生活道路而又不愿拿自己最重要的事业去碰运气的青年的首要责任。

每个人眼前都有一个目标，这个目标至少在他本人看来是伟大的，而且如果最深刻的信念，即内心深处的声音，认为这个目标是伟大的，那他实际上也是伟大的，因为神绝不会使世人完全没有引导，神总是轻声而坚定地作着启示。

但是，这声音很容易被淹没；因为灵感的东西可能须臾而生，同样可能须臾而逝。也许，我们的幻想油然而生，我们的感情激动起来，我们的眼前浮想联翩，我们狂热地追求我们以为是神本身给我们指出的目标。但是，我们梦寐以求的东西很快就使我们厌恶——于是我们的整个存在也就毁灭了。

因此，我们应当认真考虑：所选择的职业是不是真正使我们受到鼓舞？我们的内心是不是同意？我们受到的鼓舞是不是一种迷误？我们认为是神的召唤的东西是不是一种自欺？但是，不找出鼓舞的来源本身，我们怎么能认清这些呢？

伟大的东西是光辉的，光辉则引起虚荣心，而虚荣心容易给人鼓舞或者是一种我们觉得是鼓舞的东西。但是，被名利弄得鬼迷心窍的人，理智已无法支配他，于是他一头栽进那不可抗拒的欲念驱使他去的地方。他已经不再自己选择他在社会上的地位，而听任偶然机会和幻想去决定它。

我们的使命决不是求得一个最足以炫耀的职业，因为它不是那种使我们长期从事而始终不会情绪低落的职业。相反，我们很快就会觉得，我们的愿望没有得到满足，我们理想没有实现，我们就将怨天尤人。

但是，不只是虚荣心能够引起对这种或那种职业突然的热情。也许，我们自己也会用幻想把这种职业美化，把它美化成人生所能提供的至高无上的东西。我们没有仔细分析它，没有衡量它的全部分量，即它让我们承担的重大责任。我们只是从远处观察它，然而从远处观察是靠不住的。

在这里，我们自己的理智不能给我们充当顾问，因为它既不是依靠经验，也不是依靠深入的观察，而是被感情所欺骗，受幻想所蒙蔽。然而，我们的目光应该投向哪里呢？在我们丧失理智的地方，谁来支持我们呢？

是我们的父母，他们走过了漫长的生活道路，饱尝了人世的辛酸——我们的心这样提醒我们。

如果我们通过冷静的研究，认清所选择的职业的全部分量，了解它的困难以后，我们仍然对它充满热情，我们仍然爱它，觉得自己适合它，那时我们就应该选择它，那时我们既不会受热情的欺骗，也不会仓促从事。

但是，我们并不能总是能够选择我们自认为适合的职业。我们在社会上的关系，还在我们有能力对它们起决定性影响以前，就已经在某种程度上开始确立了。

我们的体质常常威胁我们，可是任何人也不敢藐视它的存在。

诚然，我们能够超越体质的限制，但这么一来，我们也就垮得更快；在这种情况下，我们就是冒险把大厦建筑在松软的废墟上，我们的一生也就变成一场精神原则和肉体原则之间的不幸的斗争。但是，一个不能克服自身相互斗争的因素的人，又怎能抗拒生活的猛烈冲击，怎能安静地从事活动呢？然而只有从安静中才能产生伟大壮丽的事业，安静是唯一生长出成熟果实的土壤。

尽管我们由于体质不适合我们的职业，不能持久地工作，而且工作起来也很少乐趣，但是，为了恪尽职守而牺牲自己幸福的思想激励着我们不顾体弱去努力工作。如果我们选择了力不能胜任的职业，那么，我们绝不能把它做好，我们很快就会自愧无能，并对自己说，我们是无用的人，是不能完成自己使命的社会成员。由此产生的必然结果就是妄自菲薄①。还有比这更痛苦的感情吗？还有比这更难于靠外界的赐予来补偿的感情吗？妄自菲薄是一条毒蛇，它永远啮噬②着我们心灵，吮吸着其中滋润生命的血液，注入厌世和绝望的毒液。

如果我们错误地估计了自己的能力，以为能够胜任经过周密考虑而选定的职业，那么这种错误将使我们受到惩罚。即使不受到外界指责，我们也会感到比外界指责更为可怕的痛苦。

如果我们把这一切都考虑过了，如果我们生活的条件容许我们选择任何一种职业，那么我们就可以选择一种能使我们最有尊严的职业，选择一种建立在我们深信其正确的思想上的职业，选择一种给我们提供广阔场所来为人类进行活动、接近共同目标（对于这个目标来说，一切职业只不过是手段）即完美境地的职业。

尊严就是最能使人高尚起来、使他的活动和他的一切努力具有崇高品质的东西，就是使他无可非议、受到众人钦佩并高于众人之上的东西。

但是，能给人以尊严的只有这样的职业，在从事这种职业时我们不是作为奴隶般的工具，而是在自己的领域内独立地进行创造。这种职业不需要有不体面的行动（哪怕只是表面上不体面的行动），甚至最优秀的人物也会

---

① 妄自菲薄：过分地看轻自己。
② 啮噬：啃咬。

怀着崇高的自豪感去从事它。最合乎这些要求的职业，并不一定是最高的职业，但总是最可取的职业。

但是，正如有失尊严的职业会贬低我们一样，那种建立在我们后来认为是错误的思想上的职业也一定使我们感到压抑。

这里，我们除了自我欺骗，别无解救办法，而以自我欺骗来解救又是多么的糟糕！

那些不是干预生活本身，而是从事抽象真理研究的职业，对于还没有坚定的原则和牢固、不可动摇的信念的青年是最危险的。同时，如果这些职业在我们心里深深地扎下了根，如果我们能够为它们的支配思想牺牲生命、竭尽全力，这些职业看来似乎还是最高尚的。

这些职业能够使才能适合的人幸福，但也必定使那些不经考虑、凭一时冲动就仓促从事的人毁灭。

相反，重视作为我们职业基础的思想，会使我们在社会上占有较高的地位，提高我们本身的尊严，使我们的行为不可动摇。

一个选择了自己所珍视的职业的人，一想到他可能不称职时就会战战兢兢——这种人单是因为他在社会上所居地位是高尚的，他也就会使自己的行为保持高尚。

在选择职业时，我们应该遵循的主要指针是人类的幸福和我们自身的完美。不应认为，这两种利益是敌对的，互相冲突的，一种利益必须消灭另一种的。人类的天性本身就是这样的：人们只有为同时代人的完美、为他们的幸福而工作，才能使自己也过得完美。

如果一个人只为自己劳动，他也许能够成为著名的学者、大哲人、卓越诗人，然而他永远不能成为完美无疵的伟大人物。

历史承认那些为共同目标劳动因而自己变得高尚的人是伟大人物，经验赞美那些为大多数人带来幸福的人是最幸福的人。宗教本身也教诲我们，人人敬仰的理想人物，就曾为人类牺牲了自己——有谁敢否定这类教诲呢？

如果我们选择了最能为人类幸福而劳动的职业，那么，重担就不能把我们压倒，因为这是为人类而献身。那时我们所感到的就不是可怜的、有限的、自私的乐趣，我们的幸福将属于千百万人。我们的事业是默默的，但是她将永恒地存在，并发挥作用。面对我们的骨灰，高尚的人们将洒下热泪。

思考与练习

1. 青年马克思认为，在选择职业时，应主要关注"人类的幸福和我们自身的完美"这两个指针。对此,你是怎样理解的?

2. 按照马克思在文中的论述,我们除了选择"最能为人类福利而劳动的职业",还应该有哪些方面的考虑?

3. 马克思的这篇论文得到阅卷老师和校长的高度评价,认为其"思想丰富""结构严谨"。请你找出实例进行分析,以把握其思维和行文逻辑,获得更切实的理解。

日拱一卒,不期速成[①]

刘军强[②]

据说跑步会上瘾。经常跑的人体内会分泌多巴胺[③],跑步会带来欣快感而不是痛苦感。写作是否有类似的机制呢?咱们可以把写作当成锻炼头脑肌肉的方式,每天定量化,以培养上瘾为目标。

我建议每天以打卡的方式给自己规定写作量。刚开始可以每天写200字,这个难度并不高。一个月下来,写5 000字不成问题,一篇学期论文就出来了。坚持一个月后可以加量,例如每天写400字。实在写不动时,你可以去找文献、整理文献,把十几条文献贴上去,几百字就出来了。这样一个月就可以写一篇10 000字的论文,很可观了。长此以往,你希望看到"字数统计"中的数字不断上升,这就有了上瘾的感觉。

写作尽量突破时空限制。在线文档非常方便,只要能上网就能到处工作,而且可以多人协同。平时一旦有想法,你可以迅速在手机、笔记本或者其他地方记下几个词的想法或备忘,有空时把它们语音输入,再加以整理。长此以往,积沙成塔。

我建议你建立个人的"四库全书",以系统收集写作材料。

素材库:随意浏览的网页,只要有可取之处,也要注意收集保存。甚至你在看电影的时候,遇到巧妙的对白,也可以截屏保存。

案例库:凡是有趣的事例、案例,甚至段子,都可以收入囊中。

文献库:遇到好书、有用的文章和观点,都要留心保存,注意记录作者、时间和出处等信息,以便需要时迅速查找。

数据库:要注意搜罗可用的数据,无论是通过统计年鉴还是数据库。这

[①] 选自《写作是门手艺》(刘军强著,广西师范大学出版社2020年版),有改动。

[②] 刘军强,清华大学社会学系长聘教授,主要研究方向为卫生政策、社会保障和组织分析。

[③] 多巴胺:帮助细胞传送脉冲的化学物质,是神经传导物质的一种。这种传导物质和人的情欲、感觉相关,传递兴奋、开心等信息。

在实证研究、政策分析类写作中非常有用,数据可以帮助你大致判断趋势、幅度和背景。根据数据做成丰富的图表,会让文章显得充实。

我建议学生们坚持记日记和周记。每天哪怕只记下一条文献或是几句话,长期积累下来都不得了。我自己也坚持了很多年,平时记录下阅读的文献、积累的观点和研究的进展,以后的很多研究可以从中取材。社会学名家米尔斯在《社会学的想象力》中对如何建立学术档案有系统的说明:

> 学术档案将有助于缓解重复工作的乏味,同时使你免受劳心费神之苦。它还能激发你捕捉"边缘思想":异彩纷呈的思想,要么是日常生活的"副产品",要么是无意间听到的街谈巷议的片段,甚至是梦中所得。这些思想一旦被记录下来,就不只会给更直接的体验添些思想意义,还可能激发出更为系统的思考。
>
> 通过设立内容丰富的学术档案,并由此养成自省的习惯,你将学会如何保持内在精神世界的清醒。无论何时,当你对某些事件或思想深有感触,务必不要让它们从脑海中溜走,相反,你要梳理它们,把它们归入你的学术档案,并在这个过程中抽取它们的含义,让自己看看这些感触和念头究竟是愚不可及,还是可以被阐述为令人获益匪浅的东西。建立学术档案同样可以使你养成练笔的习惯。若要保持娴熟的写作技巧,至少要每个星期都写些文字。在充实学术档案的过程中,你便能练习写作,这样便可以提高表达能力。

最终,希望你能形成"写作强迫症",每天不写就内疚。看到不断增长的字数,你会希望尽快达到下一个整数。如果真能如此,不仅写作问题会迎刃而解,而且说不定会写上瘾。顺带着,写作会刺激你成为有心人,留心生活中的素材,最终成为行走的"博物馆"。坚持一段时间后,你会发现自己跟别人聊天时腹中有千军万马可资调遣。这一切都是写作带给你的甜头。

思考与练习

1. 为培养写作习惯,甚至以"上瘾"为目标,作者在文章第二段和第三段提出了哪两种方法?尝试在写作中运用这两个方法,坚持一段时间,观察效果。

2. 文章中的"四库全书"指什么?其作用何在?请在自己的学习、生活中建立写作资料库。

3. 仔细阅读作者引用的社会学名家米尔斯关于建立学术档案的段落,结合个人写作实践,谈谈你的体会。

《咬文嚼字》编辑部发布"2023年十大流行语"[1]

2023年即将过去,回顾这一年,有哪些词语萦绕脑海,挥之不去?

这一年,我们过得匆忙又充实,不少人行路万里,记录大好河山;这一年,我们注重健康和幸福,在地头田间燃爆热火朝天的球场;这一年,我们痴迷热烈与饱和,将视觉上的亮丽缤纷转化为心灵上的愉悦慰藉……经过读者投票,专家评议,《咬文嚼字》编辑部评选出了"2023年十大流行语"。也许只能留存一两个有关2023年的记忆涟漪,仍旧感恩我们又一次在语言之流中双向奔赴。

一、新质生产力

2023年9月,习近平总书记在黑龙江考察调研期间提出:"积极培育新能源、新材料、先进制造、电子信息等战略性新兴产业,积极培育未来产业,加快形成新质生产力,增强发展新动能。"随即"新质生产力"传播开来。"新质生产力"代表一种生产力的跃迁,是科技创新发挥主导作用的生产力,是摆脱了传统增长路径、符合高质量发展要求的生产力,是数字时代更具融合性、更体现新内涵的生产力。"新质生产力"丰富了马克思主义生产力理论的内涵,为新时代全面推进我国经济持续健康、高质量发展,整合科技创新资源,引领发展战略性新兴产业和未来产业,提供了科学理论指导和行动指南。

二、双向奔赴

本指相关方朝着共同的目标,一起努力,相互靠近。多用于人与人之间,表达了人们相互爱慕、相互亲近的美好愿望。2023年11月,中美元首旧金山会晤期间,在美国友好团体联合欢迎宴会上,习近平主席在演讲中说:"正是善意友好的涓滴汇流,让宽广太平洋不再是天堑;正是人民的双向奔赴,让中美关系一次次从低谷重回正道。"真挚的话语,引起了现场听众的强烈共鸣。从用于个人到用于国家,"双向奔赴"的使用范围得到了延伸扩展,

---

[1] 选自《咬文嚼字》公众号,2023年12月4日。

价值内涵得到了丰富升华。"双向奔赴"将成为推动两国人民更加积极投身中美友好事业、为中美关系健康发展积聚更多正能量的力量源泉。

三、人工智能大模型

在人工智能领域,大模型是指拥有超大规模参数(通常在十亿个以上)、超强计算资源的机器学习模型,能够处理海量数据,完成各种复杂任务,如自然语言处理、图像识别等。计算机硬件性能不断提升,深度学习算法快速优化,大模型的发展日新月异。一系列基于大模型的人工智能应用相继问世,其中 ChatGPT、"文心一言"等已经在社会生产、生活方面产生了广泛影响。大模型的普遍应用,也对隐私保护、信息安全等带来巨大挑战,迫切需要相关法律和管理措施的有效应对。

四、村　超

2023 年 5 月 13 日,贵州省黔东南苗族侗族自治州榕江县所举办的"和美乡村足球超级联赛"开赛。"村超"由"乡村足球超级联赛"缩略而成。权威媒体统计,自开赛以来,"村超"单场最高上座人数超 6 万,全网浏览超 480 亿次,抖音视频播放超 130 亿次,各项数据创下历史纪录。"村超"大放异彩,"村 BA"(乡村篮球比赛)、"村排"(乡村排球比赛)等,也以惊人的能量和独特的魅力快速"出圈"。"村"字头的农村体育赛事蹿红,对推进全民健身、实现全面小康、振兴乡村经济,具有深远的现实意义。

五、特种兵式旅游

文化和旅游消费持续复苏回暖,"特种兵式旅游"火遍全网。这种新型旅游方式,核心要义是用尽可能少的成本享受尽可能多的旅游资源。游客用最少的时间,花最少的费用,游览最多的景点,在旅游目的地了解最多的历史文化、风土人情,像在执行特殊任务。"特种兵"经过特殊训练,装备精良,战斗力强,是执行某种特殊任务的技术兵种的统称,也指这一兵种的士兵。用"特种兵式"来修饰"旅游",是用"特种兵"的显著特征为特殊的旅游方式赋能。"特种兵式××"还很快衍生出"特种兵式观剧""特种兵式开会""特种兵式午休"等说法,显示出了较强的能产性。

六、显眼包

"显眼"指明显而容易被看到,因而引人注目;"包"用在动词、形容词后面,指具有某种特点的人。"显眼包"即外在形象或性格特征引人注目的人。

原本,"显眼包"多少带有一点"嫌弃"的意味。但如今,"显眼包"的褒扬意味明显,"嫌弃"的意味已经逐渐消解。称某人为"显眼包",不仅在于其表面"爱出风头",更在于其内在的活力外溢,既可爱有趣,又能够营造欢乐气氛。当下的"显眼包"因"与众不同"而大受欢迎,这是人们对个性化、多元化表达的认同。而且,"显眼包"除了指人,还可以指那些在同类中脱颖而出的事物。网友常说"每个物种每个领域都有自己的显眼包"。比如博物馆里形态生动、富有喜感的馆藏文物,也被称为"显眼包"。

七、搭　子

就是"搭档",方言里原指"一起打牌的人",即"牌搭子"。后使用范围扩大,一起从事某种活动的同伴皆泛称"搭子"。如今流行的"搭子",反映的是一种新型的社交关系模式。"搭子""轻于朋友,重于同事",因为某一方面的相同点或某一种相同的兴趣爱好,"搭"在一起度过一段各自满意、舒适的时光,在其他方面则互不干扰。"搭子"之间的互动,控制在满足特定需求的范围内。这种精准伴陪,被视为一种无压力社交,不需要费心思维护,有更多自主选择和自由空间。通过社交平台,年轻人万事可"搭"。吃饭有"饭搭子",旅游有"旅游搭子",运动有"运动搭子",甚至还有"遛娃搭子""逛街搭子""减肥搭子"等。但是,安全是所有"搭子"都要首先确保的。

八、多巴胺××

"多巴胺"是一种化学物质,它既是一种激素,也是一种神经递质,在人体内发挥着重要作用。多巴胺主要在脑细胞和肾上腺细胞中合成,可以影响人的运动、认知、情绪、睡眠等多个方面,其水平和平衡对人的健康和幸福至关重要。从色彩心理学角度看,明亮鲜艳的色彩能够激发多巴胺分泌,让人产生愉悦感。今年流行的"多巴胺穿搭",一改过去精致优雅和朴素低调的风格,用高饱和度的色彩、缤纷明亮的搭配让人产生愉悦体验。"多巴胺穿搭"走红后,"多巴胺"引申出"快乐因子"的含义,从可视的色彩到不可视的抽象概念,都能用"多巴胺",如"多巴胺景区""多巴胺漫步""多巴胺饮食""多巴胺休假"等。甚至热心开朗、生活态度积极的人,都能用"多巴胺"来形容,如"多巴胺老师"等。

九、情绪价值

本为营销学概念,指顾客感知的情绪收益和情绪成本之间的差值。情绪收益为顾客的正面情绪体验,情绪成本则为负面情绪体验。顾客重视产品服务的质量、实用性等"硬性"品质,同时也非常重视消费体验的"情绪价值"。"情绪价值"能够具象化产品服务带给消费者的情感体验,是一种非物质性的附加价值。如今流行的"情绪价值"则是对人际关系的描述,指的是一个人影响他人情绪的能力。一个人给他人带来舒服、愉悦和稳定的情绪越多,他的情绪价值就越高;反之,他的情绪价值则越低。"情绪价值"为正,能给人美好感受,激发正面情绪,激励个人成长。"情绪价值"的流行,反映了现代社会人们对美好生活更高层次的心理需求。

十、质疑××,理解××,成为××

在十多年前的《爱情公寓》中,林宛瑜拒绝男友的求婚,决定追求职业梦想。起初观众不理解,纷纷指责,后来认识到爱情并非人生必需品,便理解了宛瑜,甚至有人表示自己就是宛瑜。今年年初,"质疑宛瑜,理解宛瑜,成为宛瑜"在社交平台传开后,"质疑××,理解××,成为××"逐渐变成一个造句格式广泛流行。比如:父母管教严厉,自己小时候不理解,甚至心生叛逆;随着年龄增长,逐渐理解了父母;自己有了孩子,已是完全认同父母,就像当年父母一样管教孩子。于是便感叹"质疑父母,理解父母,成为父母"。还有"质疑班主任,理解班主任,成为班主任""质疑大妈,理解大妈,成为大妈"等,纷纷出现在网络上。在特定的人生阶段,面对特定的认知对象,"质疑、理解、成为"是客观存在的动态心理过程,也是心智成长、成熟的必经阶段,表征于社会生活的方方面面。

思考与练习

1. 你是否有关注语言生活的习惯?《咬文嚼字》编辑部对网络用语的调查与统计是否符合你的日常观察?个人和国家为什么要关注语言生活中的重大事件、热点问题及各种调查报告、实态数据?

2. 你如何看待网络用语?你认为我们对网络用语应持怎样的态度?

3. 你认为应怎样营造和欣赏我们的汉语新生活?

一、语文知识问答

1. 马克思《青年在选择职业时的考虑》一文论及选择职业的指导思想时说："人们只有为同时代人的完美、为他们的幸福而工作，才能使自己也过得完美。"美国哲学家、教育家杜威认为：人有职业，一是可对社会有所贡献，二是可发展自己的才能，因此而使社会和个人都获得幸福。他20世纪20年代在上海中华职业教育社发表《职业教育之精义》专题演讲时指出："若在学校中读书的时候，没有把这种事实确切承认，那么所学的东西，对于社会幸福和个人幸福也不能生出什么影响，充其极，必致学校和社会生活渺不相关。"把两人的观点联系起来思考，你对职业与幸福的关系有何理解？

2. 刘军强在《写作是一门手艺》中写道："写作是人类进化的一种利器：我们并不完美，写作让我们严谨和有条理；我们总会遗忘，写作让记忆得以保存；我们终将衰老，写作维持和扩展着我们的脑力；我们终将死去，对抗时间的最有效武器莫过于'藏之名山'、被后人传诵的经典之作。"请仔细体会写作之为人类进化"利器"的这四个理由，结合自己的经历和观察谈谈你的认识。

3. 每到年底，各大媒体纷纷发表关键词、关键字的年度盘点，其中网络用语尤引人关注。自从网络诞生，语言似乎开启了进化加速，过去"一代有一代之文学"，现在则"一年有一年之文学"。网络用语层出不穷，最主要的原因是文化创造的路径改变了。成语可以找到明确的出处，很多网络用语却不知作者，广泛分布的网民、灵机一动的创意，就如风行草上一般，随时刷新文化景观。请回顾近三年的"十大网络语言"，以"我看网络语言"为题写一篇演讲词，谈谈你对网络语言的理解，以及对其变化趋势的观察。

二、语文实践活动

1. 活动内容

（1）建立个人素材库、案例库、文献库、数据库，与同学们分享、交流。

（2）组成写作互助小组，共同养成"日拱一卒"的写作习惯。

2. 活动方式

（1）找到三五好友，可以是同一班级、学校的同学，也可以是网友，组成写作互助小组。

（2）每人建立写作所需的素材库、案例库、文献库、数据库。

(3) 每人列出手头需要完成的写作任务,可以是学校的课程作业,也可为自行确定的写作任务。

(4) 建立打卡制度,与小组成员定期交流写作进度与材料收集情况。可采用线上或线下专题分享会的方式。

3. 活动小结

(1) 总结每次分享会的情况,以简报的方式存档。

(2) 每周汇总写作字数,在小组内部以排行榜的形式予以公布。

三、应用写作实训

请在"中国大学 MOOC"App 上搜索写作类课程,学习求职信及简历的相关知识,结合本单元的二维码资源,学习求职信及简历的基本写作要求,并为自己制作一份简历,写一封求职信。

求职信例文　　　　社交礼仪文书测试题

附 录

一 读、译、赏、写的相关知识

(一) 现代文阅读

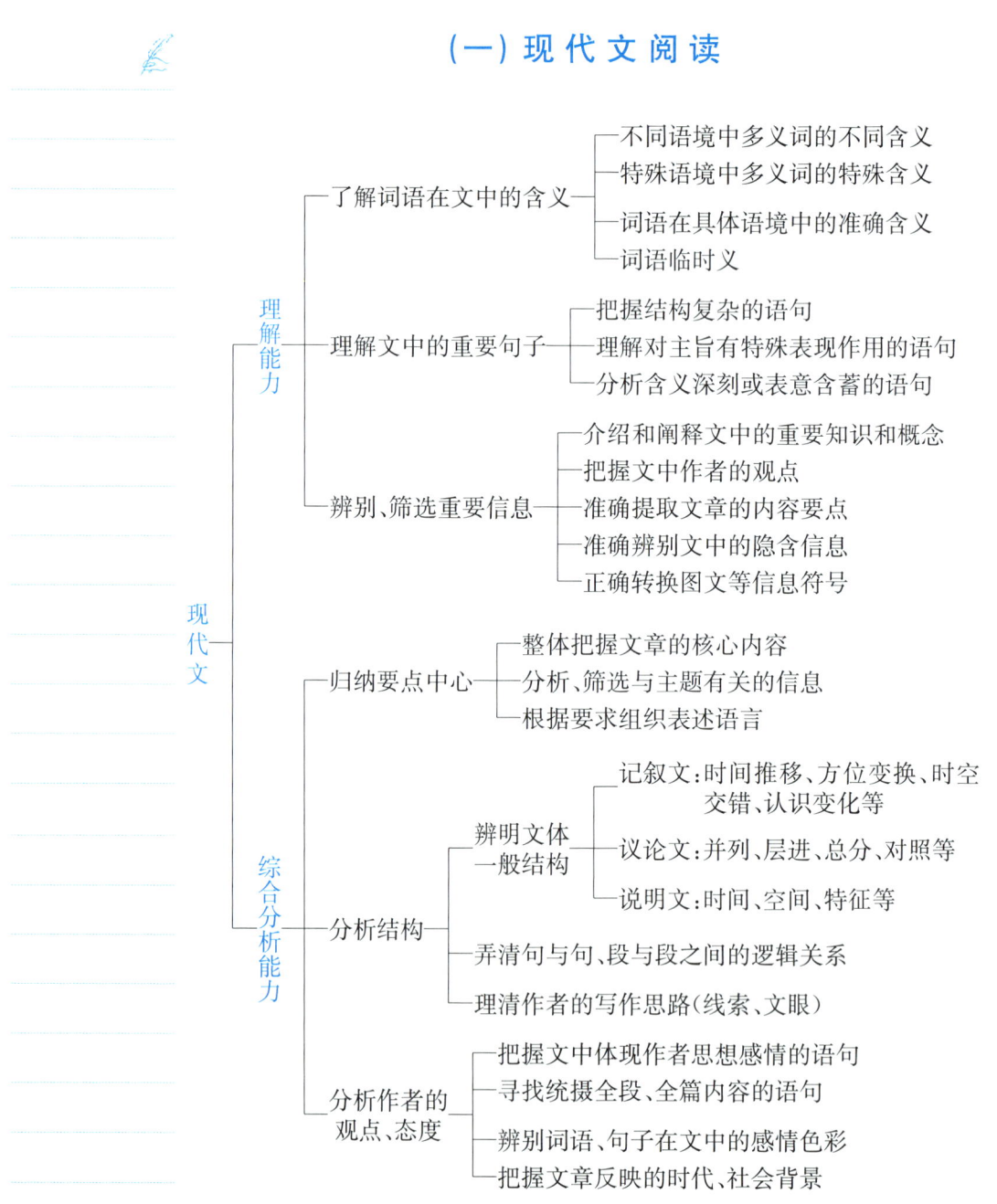

现代文
- 理解能力
  - 了解词语在文中的含义
    - 不同语境中多义词的不同含义
    - 特殊语境中多义词的特殊含义
    - 词语在具体语境中的准确含义
    - 词语临时义
  - 理解文中的重要句子
    - 把握结构复杂的语句
    - 理解对主旨有特殊表现作用的语句
    - 分析含义深刻或表意含蓄的语句
  - 辨别、筛选重要信息
    - 介绍和阐释文中的重要知识和概念
    - 把握文中作者的观点
    - 准确提取文章的内容要点
    - 准确辨别文中的隐含信息
    - 正确转换图文等信息符号
- 综合分析能力
  - 归纳要点中心
    - 整体把握文章的核心内容
    - 分析、筛选与主题有关的信息
    - 根据要求组织表述语言
  - 分析结构
    - 辨明文体一般结构
      - 记叙文：时间推移、方位变换、时空交错、认识变化等
      - 议论文：并列、层进、总分、对照等
      - 说明文：时间、空间、特征等
    - 弄清句与句、段与段之间的逻辑关系
    - 理清作者的写作思路（线索、文眼）
  - 分析作者的观点、态度
    - 把握文中体现作者思想感情的语句
    - 寻找统摄全段、全篇内容的语句
    - 辨别词语、句子在文中的感情色彩
    - 把握文章反映的时代、社会背景

（二）文言文译读

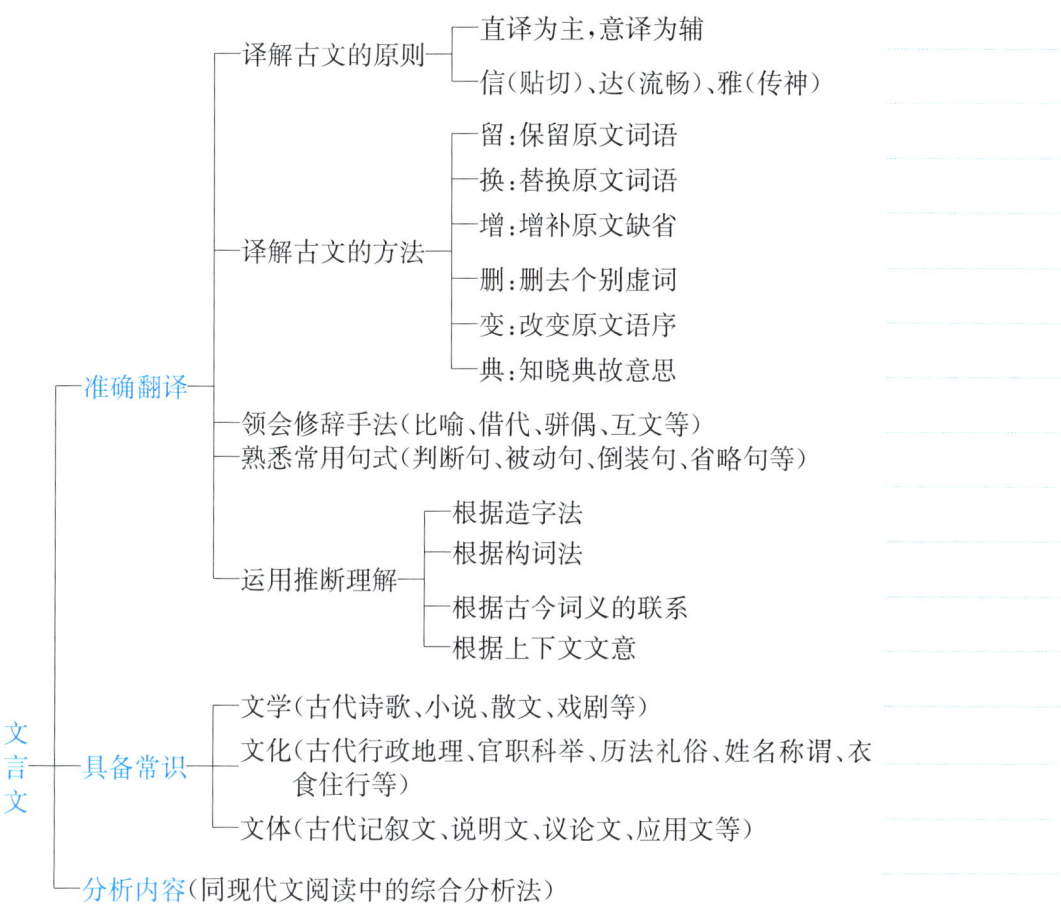

文言文
- 准确翻译
  - 译解古文的原则
    - 直译为主，意译为辅
    - 信（贴切）、达（流畅）、雅（传神）
  - 译解古文的方法
    - 留：保留原文词语
    - 换：替换原文词语
    - 增：增补原文缺省
    - 删：删去个别虚词
    - 变：改变原文语序
    - 典：知晓典故意思
  - 领会修辞手法（比喻、借代、骈偶、互文等）
  - 熟悉常用句式（判断句、被动句、倒装句、省略句等）
  - 运用推断理解
    - 根据造字法
    - 根据构词法
    - 根据古今词义的联系
    - 根据上下文文意
- 具备常识
  - 文学（古代诗歌、小说、散文、戏剧等）
  - 文化（古代行政地理、官职科举、历法礼俗、姓名称谓、衣食住行等）
  - 文体（古代记叙文、说明文、议论文、应用文等）
- 分析内容（同现代文阅读中的综合分析法）

（三）文 学 鉴 赏

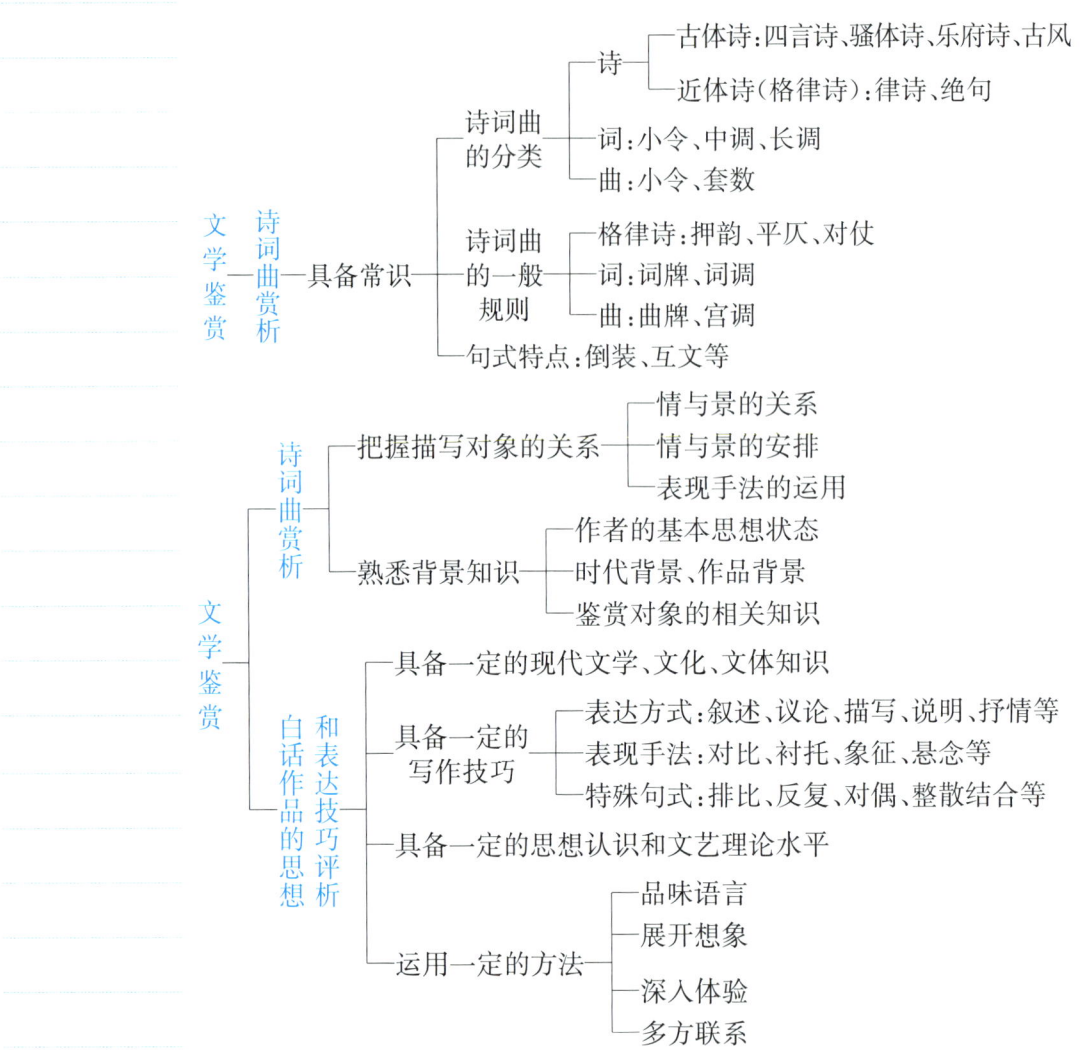

(四) 写 作

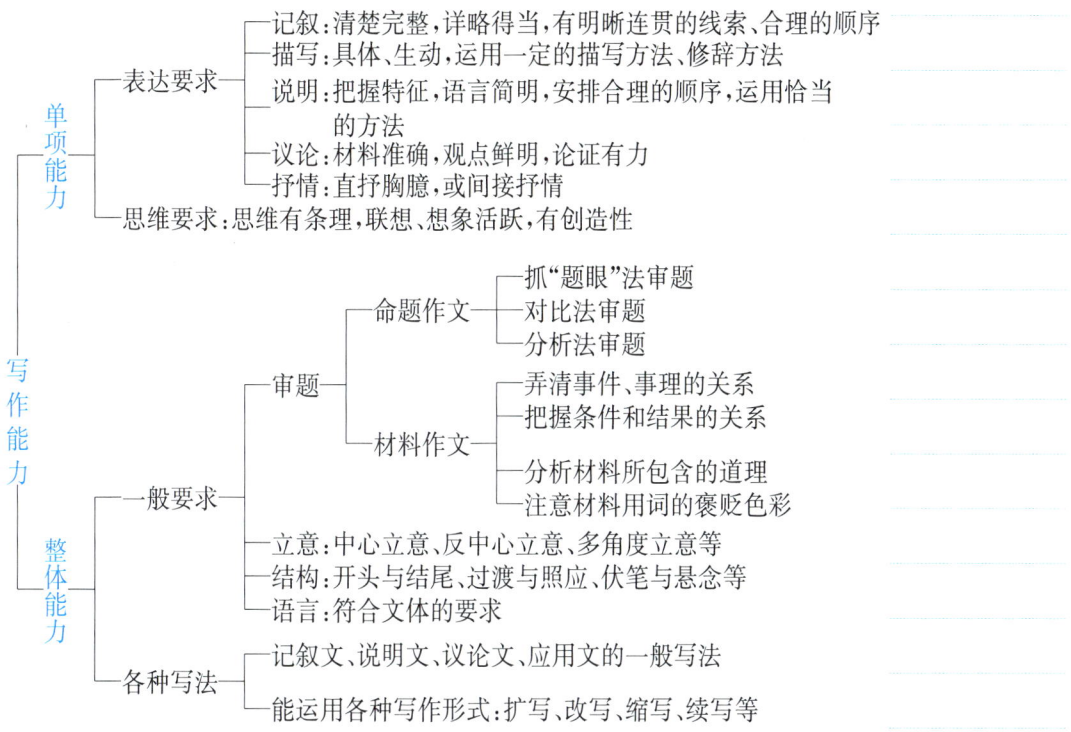

二　文体常识

(一) 公文及其他应用文体

1. 命令

命令是上级对下级发布的一种指挥性文件。命令必须以法律、法令为依据，有的又是为颁布和执行法律、法令而发布的。它可分为任免令、公布令、行政令、嘉奖令和惩戒令等。

2. 公告、布告、通告、通报、公报

公告是用于政府向国内外宣布重大事项或党政机关、社会团体公开宣布有关规定、工作事项的公文，一般通过报纸、电台、电视台发布。公告通常分为三种：(1)国家行政机关向国内外宣布重要事项的公告；(2)影响面较大的专业公告；(3)向特定对象发布的公告。

布告是向人民群众公布应当众所周知和普遍遵守的内容的公文。布告可分为惩戒性布告和公布性布告两种。

通告是在一定范围内向社会各有关方面公布需要知道或应当遵守的内容的公文，具有较强的法规性和专业性。它可分为通知性通告和法规性通告。

通报是上级机关把有关的工作情况，工作的成功与失误、经验与教训等用书面形式告知下级机关的文件。通报可分为表彰性通报、批评性通报和情况通报。

公报是国家、政府、政党、团体或其领导人发表的关于重大事件或会议经过、会议决议等的一种正式报道。两个或两个以上的国家就某些政治、经济、军事等方面的问题所订立并发表的正式书面文件也称作公报，它是关于这些国家间相互权利和义务的协议，具有法律约束力。

3. 指示、请示

指示是上级机关对下级机关布置工作、阐明活动的指导原则时所使用的下行文。指示一般包括指示原因、指示内容、执行要求三个部分。

请示是下级机关向上级机关请求指示、批准事项的一种上行文，涉及自己在职权范围内无法决定或处理的事，要求上级明确表态、批复。

请示一般分为五种：(1)请求指示；(2)请求审核；(3)请求批准；(4)请求帮助；(5)请求批转。

4. 法规、规则

法规包括国家行政机关依照法律制定的具有一定强制性和约束力的各种条例、命令、章程、规则、办法等。它的特点是强制性、鲜明性和严密性。

规则是国家机关、社会团体、企事业单位为了维护劳动纪律和公共利益等制定的规章制度。

5. 报告、计划、总结

报告是党政机关在日常工作中应用较为频繁的一种公文。报告是多种多样的，按内容分，可分为专题报告、综合报告、例行报告；按性质分，可分为呈报性报告和呈转性报告。

计划是用书面语言表达出来的对即将开展的工作的设想、安排或者行动方案。按内容分，计划可分为综合计划和专题计划；按时间分，计划可分为长期计划和短期计划；按效力分，计划可分为指令性计划和指导性计划。

总结是综合运用记叙、说明、议论的表达方式，把前一阶段的工作、生产、学习等各方面的情况和实践中所获得的体会、经验、知识、技能等加以整理、分析、提升，把表面的、零碎的感性认识条理化、系统化，从中找出规律的文体。

总结的种类按内容可分为工作总结、生产总结、学习总结、思想总结等；按时间可分为年度总结、季度总结、月总结、阶段总结等；按性质可分为综合总结、专题总结等。

6. 会议纪要、会议记录

把会议的情况和结果扼要地撰写出来以贯彻执行或公布于报刊上的文体就是会议纪要。会议纪要分类的方法也是多种多样的，按会议形式分，会议纪要可分为大型会议纪要和办公会议纪要；按会议内容分，可分为决议型纪要和综合型纪要。

开会、听报告、调查访问等都需要做记录，便于以后整理、传达或查考。把会议的情况、决定、内容等记录下来的文体就是会议记录。会议记录的内容一般包括会议的组织情况和会议内容。

7. 通知

通知是一种常用的下行文，对上级、同级或不相隶属的机关不能用，如果要使上述机关得知通知的内容，必须采用抄送件发出，而不能主送上级、同级或不隶属的机关。根据通知的内容，一般把它分为四种：(1)指示性通知；(2)规定性通知；(3)批转、转发性通知；(4)事务性通知。

8. 公约

公约是为完成某项任务，经过集体讨论形成的共同遵守的协议。公约一般分为三部分:标题,表明公约的性质;正文,先简单说明订立公约的目的,再分条写出要大家共同遵守的事项;具名和日期。

9. 启事

启事是向人们陈述事宜,告知音讯,招揽顾客、人才,请求协助完成某项事情等的一种公告性的应用文。启事的种类有招领启事、寻人启事、寻物启事、迁移启事、换房启事、更名启事、开业启事、征稿启事、征婚启事和招聘启事等。

10. 请柬

请柬又叫请帖或邀请书,举办重要活动或逢喜庆之日时,要请有关人士前来参加仪式或聚会,即可用请柬。发请柬一般是为表示郑重其事,有时请柬也可作为入场凭证使用。

11. 书信

书信是人们在日常生活和工作中交际往来时交流思想、沟通情况、商定事宜、研究问题等使用的一种书面文。书信包括称呼、正文、结尾、署名、日期五个部分。

感谢信是个人或单位得到别的个人或单位的关怀、帮助、支援而表示谢意的书信。感谢信要写明在什么时间、地点,因为什么事情得到对方哪些帮助、支援。

表扬信是表彰某些单位、集体、个人的先进思想、风格、事迹的一种专用书信。

12. **聘请书、倡议书、申请书**

聘请书又称聘书,是机关单位为聘请有关人员承担某项工作而写的一种文书。聘请书要写明被聘请人的单位、姓名、职责(岗位)和义务等内容。聘请书的语言要恳切、明了,文字要清晰、简洁,内容要具体、明确。聘请书以单位的名义发出,加盖公章才有效。

倡议书是希望大家共同完成某项事业或开展某种公益活动的号召性公开建议书。它往往是对一个部门、一个地区,甚至全国发出的。个人和团体都可发出倡议书。

申请书是个人向单位或组织提出某一申述、请求帮助解决某一问题的文书。申请书使用范围非常广,如入党、入团申请,困难补助申请,出外学习申请等。人们在生活、学习、工作的各个方面对组织有所请求时,几乎都可使用申请书。

13. 解说词、广告

解说词是对某一问题或某一事物进行解释和说明的公告性应用文。解说词有两种类型：文学性解说词，语言色彩绚丽，人物感情丰富，多用叙述、说明、描写、抒情等表达方式；平实性解说词，语言简明、通俗、准确，多用叙述、说明的表达方式。

广告是商业部门和生产单位用来向顾客报告商品信息、吸引顾客的一种公告性应用文。其正文一般分为三部分：开头，简明扼要地解释和说明产品或服务；主体部分，用关键性的、有说服力的语言阐明产品或服务的优越性；结尾，敦促人们购买产品或享受服务。

14. 讲演稿、广播稿

为在重要的场合上发表演讲而写作的文稿称为讲演稿。讲演稿的特点是针对性强。讲演稿要突出中心，做到观点鲜明、论据充分；结构清晰完整；语言生动、通顺、口语化，具有宣传、鼓动作用。

工厂、农村、部队、学校等经常要通过广播进行宣传，将宣传内容写成文字材料就是广播稿。广播稿的内容有针对性，群众听了才会感到亲切、实际，才会对工作、生产、学习起推动作用。

15. 开幕词、闭幕词

在重要会议开幕时的讲话称为开幕词。开幕词由会议主持人或主要领导人宣读，它点明会议主题的性质，概述会议议程，并祝会议成功。所以，开幕词的写作要着重讲明会议的背景、主题、目的、意义等。有的开幕词还要提及会议程序。开幕词的最后要提出要求与希望，并祝会议成功。开幕词一般都短小精悍，语言要求较高，要写得精练简洁，措辞得体，最重要的是必须起到渲染气氛的作用，使人了解会议的主题，得到教益和启发，同时，要能够引人入胜、吸引听众、唤起听众思考。

闭幕词和开幕词是相对应的。有开幕词的会议一般都有闭幕词，闭幕词由会议主持人或主要领导人宣读。闭幕词主要用于祝贺大会取得成功，并对会议情况进行概括总结。闭幕词着重概述会议内容，如通过了哪些协议或章程，取得了哪些成果等，一般还要提出新的要求和希望，最后郑重宣布会议闭幕。

16. 日记

日记是个人生活、工作、学习等方面情况的记录。把个人一天中的所遇、所思、所感有选择地记录下来，就形成了日记。因此，日记的写法随意性较强，可记叙、议论、说明或抒情。日记的写作必须真实、具体、清楚。尽量不要中断，即使因某种特殊原因中断，也可补记。因此，一般日记都写出时间，有的还写明地点、天气等。同时，要有重点地记，选择自己认为最重要、最有意义的事情记录下来。

日记一般分为纪实式、备忘式、随感式、研讨式和运用式。

17. 合同

当事人双方为了实现某种目的，在合法合规、平等互利、协商一致的原则下，明确相互的权利、义务关系的协议叫合同。合同是一种法律文书，具有法律约束力，内容要符合国家的法律、法令和政策规定；条款要准确无误，完善具体；一旦确定，不可涂抹、更改。

18. 调查报告

调查报告是展示调查研究结果的书面材料。调查报告一般包括四个部分：标题，标明调查的对象和主要问题；开头，简单交代情况；正文，基本内容，注意观点与材料的统一；结尾，简短的结束语，亦可无结束语。

（二）各类文学体裁

1. 小说

小说是以刻画人物形象为中心，通过完整的故事情节和具体的环境描写反映社会生活的一种体裁。人物形象、故事情节、环境描写是小说的三要素。小说可以运用叙述、描写等多种表现手法，叙述事件的前因后果，描写自然景物、社会环境、生活场景等，以外貌、语言、动作、心理活动等刻画、表现人物的性格。小说是文学的基本样式之一，一般按其内容或篇幅进行分类。

演义小说是旧时长篇小说的一种，由讲史话本发展而来，即根据史传，敷演成文，并经过作者的艺术加工而成。它偏重叙述，故事性强，行文浅显，通俗易懂。《三国演义》《隋唐演义》等都是演义小说。

神话小说又称神魔小说。它是一种以神话、传说为题材，通过幻想的形式来反映社会生活的小说样式。神话小说多以幻想、虚构、比拟、夸张等形式曲折地反映现实生活，通过多种多样的离奇变幻的情节，描绘和刻画各种具有神奇色彩的人物、神灵、妖魔的形象，创造出奇妙的神魔世界，歌颂人民群众的斗争精神，表达人民群众的愿望和理想。《西游记》《封神榜》等都是神话小说。

2. 散文

我国古代除韵文、骈文之外，不押韵、不讲排偶的散体文章统称为散文。现代散文是与小说、诗歌、戏剧并称的一种文学样式。它通过对某些生活片段的描述，表达作者的思想感情；或记叙一个事件，或对某一现象发表见解。

散文一般篇幅不长，形式自由，语言优美，表现手法多样。散文的显著特点是"形散神聚"，即采用的材料丰富多样，结构灵活多变，但立意深远，主题集中。通常按内容的差异和表达方式的不同，把散文分为记叙散文、抒情散文、议论散文。

3. 传记、游记

传记是用来记载人物生平事迹的文体。

我国古代神话已有简单的故事情节和人物形象，西汉司马迁的《史记》是我国最早的传记文学的典范。现代的传记作品分为两大类：一类以记述翔实的史实为主，如史传或一般传记，其中也有富于文学色彩的；另一类多用形象化的方法，描写人物的生活经历、精神面貌及历史背景。传记一般以史实为依据，不排斥形象性的文学描写。

游记是记叙旅途见闻的一种文体。它以文学的语言和轻松的笔调，生动地描写和记述旅途中的见闻，以及某地的山川景物、名胜古迹、风土人情、社会生活等。游记的内容广泛，作者的游览路线、所见景物、情感抒发等经常作为它的重点内容。

游记有带议论色彩的，有带抒情色彩的，也有带科学色彩的。游记的形式灵活多样，可以是优美的抒情文，也可以是旅途书简；可以夹叙夹议，也可以是传奇性的民间故事。吴均的《与朱元思书》、范仲淹的《岳阳楼记》、苏轼的《赤壁赋》、徐霞客的《徐霞客游记》等都是脍炙人口、传诵千古的游记散文名篇。

4. 报告文学

报告文学是一种既具有新闻性，又具有文学性的体裁。"报告"就题材而言，必须选择真人真事为新闻材料，迅速、及时地反映生活；"文学"就表达而言，必须用文学的表现手法，形象、生动地再现生活。真实性和文学性是报告文学的两大特征。报告文学包括通讯、速写、特写等。

夏衍创作于1936年的《包身工》是优秀的报告文学作品，成为我国现代文学史上报告文学体裁成熟的标志。

5. 文艺评论

文艺评论是对文艺作品、文艺现象所做的探讨、分析和评价，是文艺批评的主要形式。文艺评论从内容上分类，有文学评论、剧评、影评、音乐评论、舞蹈评论、美术评论等；从形式上分类，有长篇论文、文艺专论、文艺短评、笔谈、漫谈、随笔、杂感等。文艺评论应该对作品的内容和形式做出恰如其分的评价，以利于文艺创作的发展、繁荣。文艺评论的形式、风格也应该是多样化的。

6. 诗歌、歌谣

诗歌是与小说、散文、戏剧并列的一种文学体裁，也是最早的文学样式。

我国古代将不合乐的称为"诗"，合乐的称为"歌"，现在统称为诗歌。诗歌要求以高度精练的语言，形象地表达作者丰富的思想感情，集中地反映社会生活，并具有一定的节奏和韵律，一般分行排列。

诗歌具有概括性、形象性、抒情性、音乐性四个特点。

概括性——语言精练，感情丰富、深刻；形象性——诗要用形象思维，以联想、想象等方式将诗人要表达的抽象观念具体地呈现于读者面前；抒情性——或用形象的语言直抒胸臆，或托物言志、借景抒情，感情比一般作品更为浓烈；音乐性——读来朗朗上口，和谐悦耳。

诗歌的分类多样且复杂。诗歌按有无比较完整的故事情节，可分为抒情诗与叙事诗；按语言有无韵律，可分为格律诗和自由诗；按是否押韵，可分为有韵诗和无韵诗；等等。

歌谣是民间文学的一种，是民歌、民谣、儿歌、童谣的总称。

我国古代以合乐的为"歌"，不合乐而口头传唱的为"谣"，现在统称歌谣。歌谣一般语言质朴，风格清新，具有鲜明的民族特色和地方特色。

民歌是劳动群众创作的诗歌，是民间文学的一种。民歌通常是口头创作和流传的，并不经过集体加工，具有鲜明的民族风格。短小、明快、刚健、清新、具有浓厚的生活气息，是民歌的显著特征。

民歌能深刻、生动地表现人民群众的生活、意志和愿望。民歌常采用重复、对比、双关、比兴、铺陈等人民群众喜闻乐见的表现手法。

7. 叙事诗、史诗、抒情诗

有比较完整的故事情节和人物形象，主要通过对具体的生活画面的描绘来体现作者思想感情的诗歌叫叙事诗。

叙事诗的情节完整、单一、集中，着重于对典型矛盾的描写，大多只有一条线索，细节具有特征性；通过典型的生活场面刻画，以及语言、动作、心理活动等描写，揭示人物的性格特征，具有强烈的诗意；叙事与抒情经常融为一体，通过叙事来抒发情感；叙述精练又有层次。叙事诗包括史诗、故事诗、童话诗、诗剧等。《古诗为焦仲卿妻作》《木兰诗》是我国古代叙事诗中的"双璧"。

史诗描写的对象是历史上发生的全民事件，这些事件在全民的心目中有着巨大的意义；史诗中的英雄人物则是那个时代具有伟大力量的全体人民的代表。形式上，史诗的平静的叙述总是与对事物的详尽的描绘结合起来，详尽的描绘使得情节的展开相当缓慢。中国的《格萨尔王传》、古希腊的

《伊里亚特》、印度的《摩诃婆罗多》，都是著名的史诗作品。

故事情节不完整，目的不在于塑造人物形象，而在于直接抒发作者的思想感情、反映社会生活的诗歌叫抒情诗。抒情诗虽然没有完整的故事情节、人物形象及社会环境，但也有人物和情节片段，或生活场面、自然风光的描写，作者借此来抒发自己的思想感情。托物咏怀、寓情于景，是抒情诗普遍使用的方法。按内容的不同，抒情诗可分为颂诗、情诗、田园诗、山水诗等。

8. 歌词

在我国，最早的诗都是歌词，可以入乐歌唱。随着人们社会生活的发展变化，其中有一部分逐渐脱离了音乐，变成不能入乐的诗，但仍有一部分与音乐相结合，可以入乐。可以入乐的诗就成为歌词。

歌词是歌曲的重要组成部分，它有深刻的内容、优美的意境、生动的语言、鲜明的形象，能够与乐曲融为一体。歌词要配曲供人们歌唱，结构上的要求更为严谨，句式统一，段落分明，层次清楚，连贯完整。歌词的内容及结构要考虑到歌曲的体裁特点，以便使词、曲更好地统一起来。

9. 戏剧

戏剧是由演员扮演角色，在舞台上通过动作、演唱、对白等展现故事情节的一种文化艺术形式。戏剧演出用的剧本称为戏剧文学。

戏剧通过剧中人物的语言和动作集中地反映社会生活，它要反映一定社会中的矛盾和斗争，以构成展示人物之间的关系和人物性格发展的戏剧冲突。戏剧是一种综合艺术，是由文学、音乐、舞蹈、美术等多种艺术综合而成的表演艺术。在我国，戏剧包括戏曲、歌剧、话剧等，在西方则指话剧。戏剧按作品类型可分为悲剧、喜剧、正剧等；按题材可分为历史剧、现代剧、童话剧等。

话剧是以对话和动作作为主要表现手段的戏剧。话剧中的对话、动作是塑造人物形象的主要手段，可以揭示矛盾冲突，直接、逼真地反映社会现实生活。人物对话采用人们日常使用但又鲜明生动、通俗易懂、经过艺术加工的规范化的语言。田汉是中国现代话剧的开拓者和奠基人。

以歌唱和乐器演奏为主要表现手段，并综合诗歌、舞蹈等艺术形式的戏剧称为歌剧。歌剧表演以演员的歌唱和美化了的形体动作为主，音乐伴奏也居于重要地位，同时配以布景、灯光等，它形式活泼，擅长表现人物的思想感情。

中国宋元以来形成的各种戏曲，歌舞、宾白并重，亦属歌剧性质。五四运动以来，具有民族特色的新歌剧开始发展起来，《白毛女》《刘胡兰》等都是优秀的歌剧作品。

10. 童话、寓言

童话是一种通过丰富的想象、幻想,用拟人、夸张等艺术手法塑造艺术形象,反映社会生活,对儿童进行思想或知识教育的儿童文学样式。童话的结构一般比较简单,只讲一个单一的故事;也有的采用复合连缀的形式,由几个故事组成,篇幅也比较长。夸张、拟人、象征、反复等是童话经常运用的表现手法。

寓言是以劝谕或讽刺性的故事为内容的文学样式。寓言的篇幅一般比较短小,结构简单,其中更多的是人格化了的动物、植物,以及自然界的其他东西或现象。其主题思想大多是借此喻彼,借远喻近,借古喻今,借小喻大,使得深奥的道理从简单的故事中体现出来。

(三)古代公文文体

1. 诰

诰是教告众民、昭告诸侯的禁戒、受命之辞。如《尚书》中有《汤诰》《大诰》《酒诰》等。宋代将诰作为授予官职的文书。

2. 命

命官之辞,大曰命,小曰令。王言同称命,有的用以命官,如《尚书》中的《说命》;有的用以封爵,如《尚书》中的《微子之命》《蔡仲之命》;有的用以饬职,如《尚书》中的《毕命》;有的用以赏赐,如《尚书》中的《文侯之命》。秦并天下后改命为制。

3. 谕

谕为告之使晓谕之文,最早见于《左传》。汉高祖有入关告谕,但其文已佚。清制,皇帝特降的命令为谕,由于臣下奏请而批复的文书称为旨。用于晓谕中外及京官自侍郎以上、外官自知府总兵以上的黜陟调补之文统称上谕。长官告其属吏之文也称为谕。

4. 诏

秦始皇将古代的令改为诏,凡不属于"制度之命"者,都以诏下达,为君主专用的文书。汉初帝命有四,其三曰诏。唐朝避武后讳,改称诏为制,但唐朝中叶还有称诏的。大凡新君即位,都诏告四方,称为即位诏。皇帝去世前有遗诏。

5. 奏议

奏议是臣属进呈帝王的奏章的统称。它包括奏、议、疏、表、对策等。《文心雕龙·章表》云:"降及七国,未变古式,言事于王,皆称上书。秦初定制,改书曰奏。汉定礼仪,则有四品:一曰章,二曰奏,三曰表,四曰议。"

6. 奏

七国以前,其皆称"上书"。秦始皇改书为奏,成为大臣上书于君主的一种专用文书。由秦汉一直到清朝都沿用这个体裁,它的作用大体上有陈述政事、呈献典章仪式、反映紧急事变、弹劾罪愆谬行等。

7. 议

《尚书》说:"议事以制,政乃不迷。"讨论处理事情的适宜方案之文称为议,议者,宜也。最早见于文献的是李斯的《上秦皇罢封建议》。国有大事,必召集群臣进行廷议,如桓宽编著的《盐铁论》记录汉昭帝召集六十多人就盐铁官营问题展开国策大辩论,即属此类。

8. 表

表与章性质相同,汉代开始用于陈情;东汉以后,用于论谏、劝请、陈乞、待罪、进献、推荐、庆贺、慰安、辞(官)解(官)、陈谢(谢官、谢赐)、讼理、弹劾等;唐宋迄清代,只用于陈谢、庆贺、进献。此外还有军事失败后的降表、大臣薨逝前的遗表等。

9. 辩

"辩"即辨是非,别真伪。这种文体的特点是批驳一个错误论点,或辨析某些事实,如韩愈的《讳辩》、柳宗元的《桐叶封弟辩》。

10. 状

状用于分条列举事实上言于皇帝,又称奏状,始创于汉,一直沿用到宋代。唐代近臣上书言事用表,有时也用状,二者的区别是表讲究文采,状比较质朴。宋代用奏状,元代各部对尚书省,明代县对府、州等皆用申状。明代应天府、太常寺、翰林院等上各部的文书又称呈状。

11. 牒

《说文》称其为札,汉代始创,又名签,六朝时有之。唐代下达上的文书有六种,其第六种称为牒。有品秩的公文均用牒。宋朝六部之间互移文用公牒。清代佐贰官及学官向府、州、县行文皆用牒。近代外交公牍中还保留了牒的名称,如通牒即照会。

12. 辞

讼狱供招的文书称为辞,但唐代《百官志》将其列为六种上达文书(表、状、笺、启、辞、牒)之一,即不管是否诉讼文书,都可称为辞。

13. 批

从唐代开始,公牍才有批。唐以前其只用作私人书信,王羲之《敬伦帖》末尾书"羲之批"。唐代君主对大臣疏奏的答复称为批,又称为批答。但自从唐太宗答刘洎之后,其皆由词臣代为执笔。唐玄宗曾设置翰林待诏,掌四方批答。下级对于上官的符牒,不便实行的也可以批了意见退还原件。后来官府对下级机关的禀启,也用批或批示答复。

14. 榜

书于木牌上悬挂的文书称作"榜"。唐宋两朝节度使初受任命时,用之晓谕官吏、军人、僧道、百姓,称为"布政榜",元以后废。宋代亦将其用于恤民,如朱熹《劝立社仓榜》;或用于保护文化古迹,如朱熹《洞学榜》。宋代又有"揭示",用于征赋徭役。清代又有应个人或团体的请求而发的保护权益、维持秩序的布告,称为"给示",由官署或呈请人公开张贴。

15. 咨

咨于宋代始用于学士院,初尚不拘形式,略书数语,犹如简帖,日久由简而繁,后为和牒同样重要的文件。元、明、清三代,地位相同但不属于同一系统的同级机关之间用咨往还。

16. 答

元朝中书省的下行文书称答,明朝改为答付。各军都督府对各卫指挥使,六部对各衙门,布政使对所属衙门行文时都用答付。

17. 铭

铭是古代常刻在器物或碑石上的用于规诫、褒赞的韵文,如唐代刘禹锡的《陋室铭》。

18. 札

札的原意为写字的小木片,为清代上级官厅对下级官厅行文饬事、委办和督催所用。

19. 牌

牌是清代用于下行的公文。各部行道府以下、府行州、州行县的文书都用牌,又称行牌。

20. 奏记

汉制,下官言事于上级用奏记,如《后汉书》记载陶谦上奏记于朱隽。这是汉魏时代的一种公文。

21. 策书

策书是汉朝命令中的一种。《汉书》载,汉初帝命有四,首曰策书。注云:"策者,偏简也。以命诸侯王公;右三公以罪免,亦赐策。"君主自上而下颁布教令,以驱策臣下,当时用木简写,所以称为策,又与"册"通。《周礼》云:"凡命诸侯及公卿大夫,则策命之。"魏以后称册,隋代用于封拜、哀讳及赠谥;唐代王言有六,三曰册,立皇后、太子、封诸王,都用册;明、清亦多用于类似的册封，只是册用的玉、金、银、铜的等级不同。

22. 檄文

檄文是古代用于晓谕、征召、声讨等的文书。它不但要求文书简洁、晓畅，而且要求文字凝练，语言有很强的感召力，组成的句子有音韵铿锵、朗朗上口的特点。骆宾王的《代徐敬业传檄天下文》是檄文中的名篇。

23. 告示

上级指挥下级用示。明代官厅张贴在道路上的向人民昭告事项的文书称为告示，清仍沿用。

24. 诰命

自宋代开始，凡是文武官升迁或改任职秩、内外命妇的除授及封叙赠典，均用诰命。明朝制度，三年考绩，褒扬美德用诰，洪武间一品至五品皆授以诰命，六品以下授敕命，清朝仍沿用此制度。这种诰命、敕命的文字是预先撰定的四六文体，有固定格式，按品级填写。

25. 谕帖

谕帖为清代长官对下属六房书吏有所训示时所用，又称为传谕。

26. 对策

古代考试时把问题写到策上，令参加考试的人回答，考生回答问题的文章叫对策，如苏轼的《教战守策》。

（四）古代文史体式

1. 编年体

编年体以年代为线索编排有关历史事件，如《左传》。

2. 纪传体

纪传体通过记叙人物活动反映历史事件，如《史记》。

3. 纪事本末体

纪事本末体以事件为主线，将有关的材料集中在一起，如《战国策》。

4. 通史

通史不间断地记叙由古及今的历史事件，如《史记》。

5. 断代史

断代史记录某一时期或某一朝代的历史，如《汉书》。

6. 乐府

乐府原为汉武帝所设，负责采集、整理各地民间俗乐和歌词，再管弦入乐，于朝廷典礼和宴会上演唱。这种乐章和歌词后来被称为"乐府诗"或"乐府",汉代的乐府称为"汉乐府"。

7. 说

说是古代议论、说明一类文章的总称。它与论无大异,所以后来人们统称说理辨析文为论说文,如《马说》《师说》等。

8. 祭文

祭文是在告祭死者时诵读的文章,体裁有韵文和散文两种,内容是追念死者生前的主要经历,颂扬他的品德和业绩,寄托哀思,激励生者,如袁枚的《祭妹文》。

9. 书说文

"书"指一般书信。"说"指阐明事物、问题的义理文。把二者归为一类,是因为"书"在内容上往往与"说"相同,均辨析事物,解释义理。二者常常在叙述中表明观点、见解,具有很大的灵活性,例如《捕蛇者说》《黄生借书说》《答李翊书》《报刘一丈书》等。

10. 传状文

传状文是记述个人生平事迹的文章,多记述那些在历史上较有影响而事迹突出的已死人物的生平事迹,多采取叙述、描写等手法,展示人物的生平风貌。这种文体多见于史书,诸如《苏武传》《张衡传》《海瑞传》等。

11. 论辩文

论辩文是古代的一种论文文体。这种文体是作者对某种理论、主张、政治制度或社会习俗等,从根本上考察、探讨,辨是非,别真伪,表明看法、观点,澄清对错的文体。其援事引例,引经据典,或论其事实,或批驳谬误,语言富有论辩力,逻辑性强,又颇具文采,如《原毁》《过秦论》《讳辩》等。

12. 小说

小说是文学体裁的一种,它以刻画人物形象为中心,通过完整的故事情节和环境描写来反映社会生活。人物、情节、环境是小说的三要素。

13. 传说

传说是长期在民间流传而形成的,带有某种传奇色彩和幻想成分的关于历史人物、历史事件的故事,大多反映人民的理想和愿望。

14. 寓言

寓言是带有劝谕或讽刺性的故事,通常是借托某种事物,把深刻的道理寄于简单的故事之中,达到借此喻彼、借小喻大、借古喻今的目的。这类文体惯用拟人手法,语言简捷犀利。

15. 颂赞文

颂赞文是对他人进行赞扬、歌颂的文章。其情真意切,语挚言厚,但不造作,如《子产不毁乡校颂》等。

16. 诗

诗是文学体裁的一种,它用高度凝练的语言,形象地表达作者的思想感情,集中地反映社会生活,具有一定的节奏和韵律。

17. 骈文

骈文又称"四六文",以四字、六字相间定句,讲求辞藻华丽,注重句式整齐,音韵和谐。骈文起源于汉魏,形成于南北朝,盛行于隋唐,较有名的有吴筠的《与朱元思书》。

18. 曲

曲是和乐演唱的一种韵文,是配乐的长短句。它由词演化而来,兴起于金、元时代,体式和词相近而比词自由,可以在字数定格外加衬字,较多地使用口语。曲包括散曲和杂剧。

19. 赋

赋最早见于诸子散文中。以屈原为代表的"骚体"是诗向赋的过渡,称"骚赋"。汉代正式确立了赋的体例,称为"辞赋"。魏晋以后,赋日益向骈文方向发展,叫作"骈赋"。唐代,赋又由骈体转入律体,叫"律赋"。宋代以散文形式写赋,称"文赋"。赋这种文体讲求字句的整齐和声调的和谐,注重文采、韵律,兼具诗歌和散文的性质。该文体极尽铺陈夸张之能事,侧重于借景抒情,而往往于结尾部分发议论。较著名的赋有杜牧的《阿房宫赋》、欧阳修的《秋声赋》等。

20. 词

词产生于唐,成熟、繁盛于宋,是诗的演进与发展。词与诗比较更集中于抒情,较少叙事和说理,其格律限制比诗更严格。词有词牌,有固定的字数、句数和固定的平仄用韵。五十八字以内为小令,不分段;五十九字至九十字为中调,可分段,称上、下阕或上、下片;九十一字以上为长调,可分三叠、四叠等。

21. 箴铭文

箴铭文是刻在器物上用来警诫自己、别人或者称述功德以自勉的文章。这类文章语言雕琢、精炼,内涵深刻、精警,多有启迪、醒人之作用,如《陋室铭》《柳子厚墓志铭》等。

22. 序跋文

序也作"叙",或称"引",是说明书籍著述或出版意旨、编次体例和作者情况的文章,也可包括对作家、作品的评论和对有关问题的研究阐发。序一般在书籍或文章前面,列于书后的称为"跋",或"后序",例如《〈指南录〉后

序》《伶官传序》等。

23. 游记

游记是描写旅行见闻的一种散文形式。游记的取材范围极广,可以描绘名山大川的秀丽瑰奇,可以记录风土人情的特异阜盛,并表达作者的思想感情。游记文笔轻松,描写生动,记述翔实,给人以丰富的自然、社会知识和美的感受。游记有带议论色彩的,如《岳阳楼记》《游褒禅山记》;有带科学色彩的,如郦道元的《三峡》;有带抒情色彩的,如柳宗元的《小石潭记》。

24. 原

"原"是推究本源的意思,是古代的一种议论文体。这种文体对某种理论、主张、政治制度或社会习俗从根本上进行考察、探讨,理论性较强,如韩愈的《原毁》、黄宗羲的《原君》等。

25. 赠序

古代送别时各以诗文相赠,集之而为之序的,其序称为赠序。如韩愈《送石处士序》云:"于是东都之人士……遂各为歌诗六韵,遣愈为之序云。"其后凡是惜别赠言的文章,不附于诗帙的也都叫赠序,内容多推崇、赞许或勉励之辞,如明代文学家宋濂的《送东阳马生序》。

26. 杂记

杂记包括山川、景物、人事杂记,如《小石潭记》《登泰山记》等。

27. 笔记

笔记以记事为主,它的特点是篇幅短小,长的也仅千字左右。其内容丰富,有历史掌故、遗闻轶事、文艺随笔、人物短论、科学小品、文字考证、读书杂记等,《世说新语》《梦溪笔谈》就是这类文体。

28. 传奇

传奇是小说类别之一,其情节奇特、神奇,故名,一般指唐、宋人用文言写的短篇小说,如《柳毅传》《南柯太守传》等。

主要参考文献

[1] 胡裕树.现代汉语:重订本[M].上海:上海教育出版社,2019.
[2] 吕叔湘,朱德熙.语法修辞讲话[M].北京:商务印书馆,2013.
[3] 王力.古代汉语(第一册)[M].北京:中华书局,1999.
[4] 江少川.高等语文[M].北京:中国人民大学出版社,2000.
[5] 徐中玉.大学语文[M].6版.北京:高等教育出版社,2023.
[6] 尚永亮.大学语文[M].3版.北京:中国人民大学出版社,2020.
[7] 刘凌云.大学语文[M].北京:中国传媒大学出版社,2014.
[8] 孟庆荣,冯凯.大学语文[M].北京:高等教育出版社,2009.
[9] 周加胜,刘燕,吴涛.大学语文教程[M].北京:科学出版社,2018.
[10] 马臻荣.大学人文基础[M].4版.北京:高等教育出版社,2022.
[11] 王首程.应用文写作[M].5版.北京:高等教育出版社,2024.
[12] 陈洪,李瑞山.大学语文[M].4版.北京:高等教育出版社,2022.

郑重声明

高等教育出版社依法对本书享有专有出版权。任何未经许可的复制、销售行为均违反《中华人民共和国著作权法》,其行为人将承担相应的民事责任和行政责任;构成犯罪的,将被依法追究刑事责任。为了维护市场秩序,保护读者的合法权益,避免读者误用盗版书造成不良后果,我社将配合行政执法部门和司法机关对违法犯罪的单位和个人进行严厉打击。社会各界人士如发现上述侵权行为,希望及时举报,我社将奖励举报有功人员。

反盗版举报电话 (010)58581999 58582371
反盗版举报邮箱 dd@hep.com.cn
通信地址 北京市西城区德外大街 4 号 高等教育出版社知识产权与法律事务部
邮政编码 100120

教学资源服务指南

高等教育出版社

仅限教师索取

感谢您使用本书。为方便教学，我社为教师提供资源下载、样书申请等服务，如贵校已选用本书，您只要关注微信公众号"高职素质教育教学研究"，或加入下列教师交流QQ群即可免费获得相关服务。

"高职素质教育教学研究"公众号

- 最新目录
- 样书申请
- 资源下载
- 写作试卷
- 线上购书

师资培训　教学服务　教材样章

资源下载：点击"**教学服务**"—"**资源下载**"，或直接在浏览器中输入网址（http://101.35.126.6/），注册登录后可搜索下载相关资源。（建议用电脑浏览器操作）

样书申请：点击"**教学服务**"—"**样书申请**"，填写相关信息即可申请样书。

样章下载：点击"**教材样章**"，可下载在供教材的前言、目录和样章。

师资培训：点击"**师资培训**"，获取最新直播信息、直播回放和往期师资培训视频。

联系方式

高职人文素质教师交流QQ群：167361230

联系电话：（021）56961310　　电子邮箱：3076198581@qq.com